正港男子漢專用，根治男人渾身的癢

日本風俗店
極樂巡禮手冊

MANIAC LOVE 研究會／編著

何姵儀／譯

前言

講 求 多 樣 化 與 激 進 化 的 「 時 下 」 風 俗 店

　　本研究會自發行《いかなくても解る 図説風俗マニュアル（就算沒去過也能懂 圖解風俗指南）》叢書以來，時間已經過了5年，多虧大家不嫌棄，讓這套叢書深受好評，進而有幸出版第5本。在此先向各位深愛這套書的讀者表達心中謝意。

　　在值得紀念的第一本書中，我們為大家詳細介紹了泡泡浴風俗店及外約茶等風俗店。

　　然而風俗業是一個日新月異、不斷改變的產業。

　　當時介紹的「幻想俱樂部」今日已經瀕臨滅絕，而「JK休憩」也因為被視為是社會問題而衰退。

　　另一方面，以派遣型（外約到府）為主的養生會館則是日日都在進化，服務內容更為了滿足所有使用者的需求而明顯多樣化。

　　而因踏進這行的女孩子數量不斷增加，讓到大眾店尋歡的男性，也能夠和水準跟高級店不相上下的女孩子一同享受歡愉時光。而為了與其對抗的高級店也跟著升級，隆重推出只有現役AV女優的風俗店，服務品質可說是日新月異、不斷提升。

　　隨著時代改變而進化的風俗業，讓我們體會到製作一本捕捉風俗「現況」的書勢在必行，進而促成這本書的製作動機。

　　在書籍製作空檔時，我們依舊孜孜不倦地到各地的風俗店進行研究。更重要的是，我們還培養出風俗店「使用者」這個觀點。在這段過程當中，特別是這幾年，我們察覺到風俗業界的發展變得更加激進，例如「逆

按摩店」的出現。當初我們在製作這系列的第一本書時，根本就還沒有出現提供這種服務的風俗店，大家能夠想像這種類型的風俗店提供的是什麼樣的玩法嗎？

　　這種類型的風俗店是以男性為女性按摩，使其達到高潮為主題。基本上不可以觸摸女性性器，更不可以要求小姐幫你解決射精問題。萬萬沒想到的是，這種店竟然會大受歡迎，甚至在大街小巷引起話題，讓不少常客紛紛登門享樂。

　　仔細想想，「讓女孩子達到高潮」確實是上風俗店的醍醐味之一。既然如此，特地加強這一點的店家豈有不紅的道理？

　　有鑑於此，我們特地在本書中挑選了幾個日益進化的風俗服務，並且在各種類型的風俗店介紹頁面中標上圖示，好讓讀者一看就知道這樣的風俗店符合大家什麼樣的需求。就請大家再次確認自己對風俗店有何期望，以及希望從中享受到什麼樣的樂趣，並且期望大家在將本書拿在手上時，能夠了解風俗店的「現況」，進而幫助對其有興趣的人一臂之力。好啦，接下來就讓我們趕快到這個令人眼花撩亂的風俗世界一遊吧！

　　　　　　　　（MANIAC LOVE研究會）

CONTENTS

日本風俗店極樂巡禮手冊

Lesson.1

風俗店之
基礎篇

Base knowledge of the Brothel.

誤會大了!?
上風俗店尋歡
不可不知的事情

Lesson.01 [風俗店之基礎篇]

「風俗店」是什麼樣的地方？

並非只能解決性慾！在風俗店盡情享樂的重點

人們對於風俗店常有的誤解

上風俗店不僅可以解決囤積已久的性慾，更是邂逅平時不會遇到的女孩類型、與她們親密接觸的最佳娛樂。

話雖如此，許多人對性風俗這個特種行業不是抱持著「很可怕」，就是「很骯髒」之類的負面印象，網路上更是常見大家對風俗娘的鄙視與責罵。

大家為什麼會這麼想呢？

其中一個理由，應該是那些在風俗店曾經有過不悅經驗的人，為了抨擊店家而故意傳出負面資訊。

另外一個理由，就是性服務這份職業有一部分與日本人的「貞操觀念」對立，所以那些大多數從未去過風俗店的人，才會對在風俗店工作的女性有所偏見。

大家之所以對上風俗店過度擔心風險，甚至認為「只不過是要解決性慾，特地花這麼一大筆錢尋歡豈不太蠢？」，不就是因為接觸到這類負面資訊才會這麼想的嗎？

然而這些負面印象絕大多數都是誤解造成的。大家不妨想想看，雖說要找工作，但是這些普通的女孩子為什麼要選擇這個在社會上頗受偏見的特種行業呢？

一般人的結論往往是「為了錢吧」，但是這個答案只能說一半對，一半錯。

不管是什麼樣的工作，到頭來都是為了「錢」，不會因為上班族或風俗娘而有所改變。那麼大家是基於什麼樣的理由來選擇工作的呢？「最好是自己想做的工作。」這樣的想法很正常，不是嗎？

也就是說，在這些從事風俗行業的女孩子當中，照理說應該也有人是為了滿足「男歡女愛」這個慾望而踏進這行的。就算她們的最終目的是

「賺錢」，但是內心深處卻隱藏著「想與男性調情」、「想要享受性愛」之類的渴望，所以腦子裡才會興起在風俗店工作看看這個念頭。其實只要理解風俗娘這種本質並且坦然以對，不管是男性還是女性，風俗店都能夠成為一個讓身心得到滿足的場所。

盡情享受風俗店的基本明確目標

讓風俗店的樂趣發揮到極致的基本條件，就是要秉持著「『什麼樣的事』就該『怎樣去享受』」這個明確目標。

為了實現男性五花八門的願望，日本各家風俗店可說是絞盡了腦汁，提供不少令人流連忘返、欲罷不能的性服務。

性風俗店所提供的樂趣，大致可以分為「解決性慾」與「享受戀愛感」這兩種。

而渴望這兩種樂趣的人，並非只有身為尋芳客的男性，在風俗店工作的那些女孩子，也認為既然要從事與色情相關的工作，讓自己做得開心豈不是更好？因此，把歡愉與戀愛等要素當作助興的香料參雜一些在工作之中，根本就不足以為奇。所以當我們在享受性愛玩樂時只要記住這兩點，上風俗店尋歡絕對會比默默接受性服務還要來得有趣。

不過有些風俗店的營業型態囊括了這兩種，有些則是擇一專攻。要是沒有事先了解這些營業型態所提供的服務差異就冒然上風俗店的話，有時反而會大失所望、掃興而歸。例如泡泡浴風俗店與外約茶的小姐，剛開始一定會先和客人聊天調情；但如果是在主打花瓣迴轉等服務的風月沙龍（半套店），那就會先讓店裡的小姐輪番交替進場之後，才開始與客人玩樂，若要在此享受曖昧挑逗的虛擬戀愛，恐不容易。

對那些渴望戀愛感覺的人而言，風月沙龍不是一個最佳選擇；而對於想要迅速解決性慾的人而言，聊天調情反而多餘。

因此想要盡享風俗店的樂趣，勢必要選擇一個提供的服務適合自己的店家，這一點大家一定要牢記在心。

大家對「風俗店」有何要求？

拋下對性玩樂的不安與排斥，與它「赤裸」相對吧！

解放你的性慾吧！

前一節提到上風俗店的兩大樂趣：「解決性慾」與「享受戀愛感」。接下來就讓我們來看看幾個實際例子吧。

不過在進入正題之前，有一件事情非常重要。那就是要先拋棄「上風俗店的目的，就只是為了解決性慾不是很沒用嗎？」這種排斥態度，以及「你不覺得那些精蟲衝腦的嫖客很煩嗎？」這種不安情緒。

解決性慾是人們上風俗店最大目的。在風俗店上班的女孩子當然是心知肚明，所以身為尋芳客的男性根本就不需要感到丟臉。

不用說，那些女孩子心中所想的不外乎是滿足你的性慾，好讓彼此有一段愉悅的銷魂時光。既然如此，何不拋棄那些對性玩樂的排斥與不安，專心享受她們提供的服務呢？這可是上風俗店享樂的一大前提呢。

拋下如此不安與排斥之後，接下來就讓我們認真思考一下自己上風俗店的目的是什麼。

第一個是解決性慾。「已經快要把持不住」的感覺，應當是所有男性曾經有過的經驗。

我們當然可以選擇「要忍才不會丟臉」這個禁慾方法，但要是一直覺得自己有性慾是一件非常丟臉的事，能瞞就儘量瞞的話，精神上恐怕會陷入相當不健全的狀態之中。

既然男性的性慾是來自本能，日常生活冒出這個念頭根本就是人之常情。而最快的解決方法，就是自慰。根據統計，成年男性當中有98%的人曾經自慰，頻率因人而異，但絕大多數的人都曾經定期射精。

但是性慾這種東西有時越是靠自慰，反而越會欲求不滿。

自慰已經無法滿足性慾了。這樣的念頭讓男性不斷地想要尋求新的刺激，例如「我想要看胸部」、「我想要看女孩子慾火焚身的模樣」。話雖如此，我們總不能突然把不認識的女性撲倒，甚至期待命運般的相遇會宛

illustration by ありまなつぼん

如奇蹟突然降臨。

何況男性的性慾往往與「戀愛感」緊緊綁在一起。想要與最喜歡的那個女孩子肌膚相親、心靈相通，是身為人類的我們天經地義的慾望。可惜這個「戀愛感」光靠自慰是沒有辦法滿足的。

話雖如此，這精子還是要射出來才行……坦白說，男性都是懷抱著這個令人無奈的性慾過活的。

此時可以依靠的就是風俗店。既然身為男性，那麼這甩也甩不掉的「性慾」要是能夠一邊與心愛的天使調情搞曖昧，一邊委身於她，任由對方處置的話……你不覺得這會是一段性福美滿的時光嗎？

上風俗店不僅可以「解決性慾」，還能得到滿滿的「戀愛感」。這段彷彿沉浸在戀愛之中的美好時光，絕對能夠為你帶來「幸福感」的。

至於這兩大項目要先滿足哪一邊當然是因人而異。而上風俗店的重點，就是要事先掌握自己本身的嗜好是什麼，這樣才能跨出第一步。

[滿足戀愛感的風俗業種]

○ 泡泡浴風俗店
○ 所有的養生會館
○ 揉乳酒吧 ‧ 性快感夜總會
○ 濫交酒吧
○ 成人派對
○ 海外風俗店

[以解決性慾為宗旨的風俗業種]

● 風月沙龍（半套店）
● 鬆一下
● 站壁仔
● 外國人風俗店（金絲貓店）
● 尻槍俱樂部

在本書介紹的風俗店當中，只有 SM 這個類型比較特殊。這是脫離上述兩大項目、以互相滿足虐待（S）與被虐（M）這兩種特殊的性癖好為目的的風俗店。無論如何，在挑選風俗店時要秉持一個重點，那就是「我們渴求的到底是什麼」。

 能夠回應細分要求的風俗店

除了「滿足性慾」與「享受戀愛感」這兩大項目，上風俗店另外一個重點，就是我們對於「本番（性交）」與「凌辱」等玩法，以及身為玩樂

對象的女性容貌與個性有何要求。

　　單純只有射精或調情的話，一項簡單的性服務應該就可以讓客人滿足。然而情況之所以會事與願違，完全是因為在人類的性慾裡頭，精神這個部分占了相當大的比例。

　　能夠回應尋芳客如此細分要求，也是日本風俗店的優勢。尤其是養生會館（外約茶）除了當下隸屬的風俗娘屬性，不少店家還特地加強矇眼PLAY與立即吹（進入飯店之後立刻為客人口交）等性服務內容。有些店家甚至利用影片在各家官網上播放服務內容，好讓客人在實際走訪風俗店之前，一眼就能看出這家店提供了什麼樣的玩法。

　　所以我們要儘量明確掌握自己究竟想要怎麼玩，尋找符合期望的店家，進而充分享受風俗樂趣。

　　既然都要上風俗店尋歡了，誰不希望擁有一段激情銷魂的美好時光呢？

　　我們根本就不需要隱瞞「心中渴求的東西」。到了泡泡浴或養生會館時，就大膽說出「我想要○○」，相信店裡的女孩子一定會竭盡全力好好服侍的。當然，你的要求也要讓風俗娘不會感到不悅才行喔。

找到適合自己的風俗店之

性歡渴望確認表

　　從下一頁的第2章開始，我們要詳細解說各種風俗店的類型。但是在找尋適合自己的風俗店之前，我們要先確認下列這6個重點項目。

　　誠如第1章所述，為了讓大家在根據自己的目的挑選店家時有一個參考標準，各頁均標上了圖示，就請大家以此為標準來審慎選擇。

　　例如有沒有提供本番PLAY？這一點幾乎可以根據風俗店的營業型態來區分，像是泡泡浴與鬆一下就是代表範例。部分養生會館也提供這種玩法，但是有地區差異，必須事先確認才行。

　　好啦，為了擁有一個充實的風俗生活，就請大家試著尋找自己真正「渴求的東西」吧！

主要的CHECK項目

☐ 既然要玩，那就要真槍實彈！　　→ 本番（性交）

☐ 最好是沒有什麼性經驗的女孩子！　　→ 素人（新手）

☐ 想體驗風俗店特有的性愛技巧！　　→ 技巧

☐ 想跟情侶一樣挑逗調情！　　→ 戀愛

☐ 標準的外貌協會！　　→ 美人

☐ 想要凌辱女孩子，讓她們高潮迭起！　　→ 凌辱

Lesson.2

風俗店之
店家篇

Base knowledge of the Brothel.

看清琳瑯滿目的
風俗店類型
選擇性滿意足的玩法

「泡泡浴」是什麼樣的地方

可 以 在 自 由 戀 愛 這 個 基 礎 之 下 進 行 本 番 的 風 俗 店 之 王

 了 解 泡 泡 浴 風 俗 店 的 基 本 服 務 ！

泡泡浴風俗店（Soap Land）的正式名稱是「附設個人房之特殊浴場」。

也就是根據特種行業（日本稱為「風俗」）的經營規範及業務合法化等相關法律（即所謂的「風俗營業法」，以下簡稱「風營法」），「將整個店面當作浴場設施且規劃個人房，並在該個人房提供接觸異性客人之服務的營業型態」。

上泡泡浴風俗店尋歡時，入店之前要先支付「入浴費」。入浴費的金額隨店家等級而調整，價位通常落在數千日圓至數萬日圓之間，與公共澡堂等一般的入浴設施相比，價格相當昂貴。這筆入浴費加上基本上要付給女孩子的「服務費（入浴費的2至3倍）」所得到的金額稱為「總額」。另外，指名某位女孩子的時候，還會有一筆點檯費（指名費）。

因為是「附設個人房之特殊浴場」，所以泡泡浴的浴室通常會設置包廂（個人房），而名為接待員（泡泡浴小姐）的女性會在這間包廂裡，幫客人從頭到尾清洗地乾淨溜溜。客人通常會先待在房間外面，與接待員會合之後再一起進房。入浴時接待員也會全裸，一絲不掛的接待員將肥皂泡或潤滑液塗抹在自己身上之後，會緊貼在客人身上磨蹭搓洗。而此時的搓洗方法，展現了泡泡浴獨有的技巧。

泡泡浴的服務重點在於入浴，但是成年男女全身赤裸同處一室又肌膚相親的話，就會「擦槍走火」。

就立場而言，泡泡浴的接待員屬於自僱主，就算在房間裡提供過度的性服務，甚至與客人發生性行為，店家還是可以聲稱這一切不過是「自由戀愛」之下的必然結果，與他們毫無關聯。基於這樣的見解（嚴格來講應該要禁止本番），接待員與客人在房間裡因為自由戀愛而做愛的情況，在當今的泡泡浴風俗店裡已經是一種默契了。

illustration by 蒼井遊美

泡泡浴風俗店（高級店）

此 生 欲 一 訪 、 萬 物 皆 奢 華 的 風 俗 店

Play Style

本番	素人	技巧
戀愛	美人	凌辱

Play Date

♥費用範圍：（總額）6～10萬日圓以上　♥玩樂時間：1～3小時
♥自選項目：肛交、潤滑液PLAY
♥女孩類型：偶像級的姿色，旺盛的服務精神

 體 驗 泡 泡 浴 精 髓 的 最 佳 選 擇 ！

　　高級泡泡浴的接待員與服務水準非常高，接受的是等級高一層的尋芳客。不少店家網羅了姿色與身材可媲美模特兒的女孩子，店內裝潢幾乎和高級俱樂部一樣極盡奢華，就連男性工作人員的教育也是一流，親切的待客之道與高級飯店不相上下。寬敞的包廂裡擺了大一號的氣墊床與床鋪，讓人得以舒緩緊繃的情緒，寬心享受服務。

　　高級泡泡浴的接待員面試相當嚴格，容貌、身材與個性非得要達到一定的水準才會錄用。有些店家甚至還規定身上不可有刺青，就連頭髮顏色都會詳細規定。

　　來到高級泡泡浴就能夠享受泡泡浴提供的所有性愛技巧。當中最令人念念不忘的性服務就是「即即PLAY」。所謂即即，是「即尺」（立即吹）與「即床」（當場做愛）合起來的簡稱，也就是進房後立刻享受性玩樂的服務。踏進房裡一關門，泡泡浴小姐就會開始幫你寬衣解帶，在泡澡或沐浴之前先為你口交，這就是「即尺」（尺＝尺八。一種類似直笛的日本木管樂器。演奏的模樣與口交類似，故名）。之後再順勢立刻做愛，這就是「即床」。除了床鋪，有時「即床」也會在沙發上與客人做愛做的事。

　　至於射精的次數通常是即即一次、氣墊床一次，床上再來一次，總計三次。高級泡泡浴的小姐通常擁有高水準的氣墊床PLAY絕技，既然要到高級店尋歡，何不要求小姐施展泡泡浴獨有的各種氣墊床技巧，盡情享受此處的服務精髓呢？

illustration by 蒼井遊美

泡泡浴風俗店（大眾店）

適 合 泡 泡 浴 風 俗 店 入 門 者 的 店 鋪 類 型

Play Style		
本番	素人	技巧
戀愛	美人	凌辱

Play Date

♥費用範圍：（總額）2～5萬日圓　♥玩樂時間：90分鐘～2小時
♥自選項目：肛交、潤滑液PLAY
♥女孩類型：風俗經驗久，20～39歲的女孩子

最 能 夠 體 驗 泡 泡 浴 基 本 玩 法 的 風 俗 店

　　大眾店的費用對荷包來講比較親切，門檻也沒有高級店那麼高。以入門篇來講，算是比較沒有壓力的玩樂方式，所以還不熟悉泡泡浴風俗店的入門者不妨先從大眾店著手。這種類型的泡泡浴接待員從年輕女孩到專業熟女應有盡有，能夠滿足各種類型的客人需求，所以當作入門的泡泡浴風俗店是再適合也不過了，就連接待員有時也會出現條件不亞於高級店的美女。

　　大眾店等級的泡泡浴絕大多數不會提供和高級店一樣的即即服務。進房之後先讓女孩子幫你寬衣解帶，接著再讓她們幫你淋浴淨身。基本上來講，接下來的玩樂方式是氣墊床上一次，中間休息過後在床上再來一次，不過氣墊床PLAY並非必須選項。不喜歡身體因為潤滑液而變得滑溜或者是怕癢的人若是討厭氣墊床，也可以改為在床上大戰兩次。通常女孩子都會先問客人：「今天要在氣墊床上玩嗎？」所以就讓我們甩開羞恥心，明確並主動地告訴對方自己想要怎麼玩吧。

　　幾乎所有大眾店均強制規定客人必須戴上保險套，但是有些店家卻以要不要戴保險套由接待員決定，甚至以店裡有的小姐接受NS（No Skin，無套性交）為賣點。然而大眾店比高級店還要重視客人的週轉率，所以在這裡工作的女孩子其實也是很辛苦的。因此當我們在尋歡時，還是盡量不要太過強人所難。

泡泡浴風俗店（超低價店）

適合想要輕鬆省荷包、又想享受本番的尋芳客！

Play Style

本番　素人　技巧

戀愛　美人　凌辱

Play Date
♥費用範圍：（總額）1萬5千～2萬5千日圓　♥玩樂時間：1～2小時
♥自選項目：原汁內褲帶回家、攝影拍照
♥女孩類型：20～50幾歲，想要輕鬆在風俗店工作的女性

 賣點不在性愛技巧，而是眼花撩亂的玩樂點子

　　過去泡泡浴超低價店因為費用低，所以店裡的小姐不是姿色稍差，就是年紀偏高。不過最近因為客人的週轉率高，一些以賺錢為主的女孩子，也開始慢慢加入這個行列之中。超低價店不太會要求小姐的容貌及接客的服務態度，所以那些覺得直接跳進高級店或大眾店工作的門檻似乎有點高的素人女孩，通常會抱持著打工的心態在超低價店工作。不少小姐會同時在養生會館兼差，而主打「角色扮演泡泡浴」並且標榜店內有許多年輕可愛女孩的超低價店也有增加的趨勢。在可以玩角色扮演的泡泡浴裡，客人可以從款式豐富的服裝當中挑選喜歡的衣服，並要求女孩子打扮成女學生、粉領族或護士等角色一起玩樂（制服PLAY）。而以輕鬆舒適為主打號召的超低價店，也會舉辦角色扮演活動，因此大家不妨先上店家官網確認一下。

　　但話說回來，到超低價店尋歡時，不要太過期待這個類型的店家，可以提供等同一般泡泡浴風俗店的服務與技術，因為超低價店的接客時間短，幾乎省去氣墊床PLAY，只提供床上玩樂，而且還要利用空檔時間淋浴、泡澡及更衣，所以客人射精1、2次就已經是極限了。這些超低價店的收費制度絕大多數與養生會館一樣，收費金額會因時段而調整。要是早上7點這個清晨時段去的話，說不定就能夠以低於1萬日圓這個破盤價，來和年輕的素人女孩打場激情戰。能以如此優惠的價格尋歡，也算是超低價店的魅力。

在泡泡浴風俗店享受
小姐的銷魂性技

氣墊床 PLAY 的快感不容錯過！

在泡泡浴風俗店可以享受到，在其他風俗店或與情人做愛時無法體驗的各種性愛技巧。進店之後，流程通常為「見面」、「聊天」、「淨身」、「入浴」、「氣墊床PLAY」、「床上PLAY」。而在這當中，「淨身」、「入浴」、「氣墊床PLAY」是泡泡浴風俗店專屬的性愛技巧。

首先泡泡浴小姐會在浴室裡，幫你把每寸肌膚清洗地乾乾淨淨。上養生會館也可以讓小姐幫你把身體洗乾淨，不過泡泡浴風俗店的淨身還包括了愛撫小弟弟，算是相當具有特色的技巧。客人通常要坐在一張名為「色狼椅」的椅子上，這種椅子在胯下部位的座面上有個大約一隻手臂粗的凹洞。當客人坐在椅子上時，泡泡浴小姐會使盡渾身解數，細心地把性器周圍清洗地乾淨溜溜。除此之外，客人還可以享受讓小姐鑽到自己坐的那張椅子底下舔肛或舔蛋，也就是「鑽底洗椅」服務，不然就是讓小姐用自己的陰毛搓出肥皂泡之後，再跨坐在客人的手臂或大腿上前後刷洗的「毛刷刷」服務。

「淨身」之後，再來就是「入浴」。「入浴」時泡泡浴小姐也是會使出所有看家本領，用上各種技巧，以提供盡善盡美的性服務。在帶領客人進房之前，小姐會先在浴缸裡放些水，之後再算好入浴的時機放滿熱水。浴缸不先放滿水的原因，是希望能在泡澡的前一刻配合客人喜好，加水調整溫度。洗鴛鴦澡時泡泡浴小姐會緊貼在你身上用乳頭搓洗身體，甚至戲弄你的小弟弟。

此時有個性愛技巧叫做「潛望鏡」。這種技巧模擬的是潛水艇浮出海面，或者是在進行海上偵察時潛望鏡浮現水面的模樣，也就是只讓小弟弟露出水面，接著泡泡浴小姐再趁機進行乳交或口交。這是情侶親熱時難以體驗的技巧，更是上泡泡浴時不容錯過的玩法之一。

「入浴」時的玩樂結束之後，泡泡浴小姐有時會問：「要不要到氣墊

床上呢？」超低價店往往會省略氣墊床這個玩法，然而如果說這種玩法才是泡泡浴風俗店的精髓，真是一點也不為過。

　　首先，包廂浴室的淋浴處會鋪上一張氣墊床，用來當作枕頭的位置會擺上幾條毛巾。當客人正在泡澡或刷牙時，泡泡浴小姐會趁機迅速製作潤滑液。首先會將熱水倒進原液裡，接著用雙手輪流將其攪拌成適當濃度。不過因為潤滑液容易變涼，所以這時候的重點必須放在調整熱水的溫度上。潤滑液調好之後，接下來要用較燙的熱水溫熱氣墊床，然後泡泡浴小姐再用身體將剛剛調好的潤滑液整個塗抹在氣墊床上。等客人躺好之後，泡泡浴小姐就會貼在身上，與客人同樂。

　　第一個玩的遊戲是「泡泡舞」。小姐會將調好的潤滑液滴在客人背部，接著趴在上面，用自己的身體將潤滑液整個塗抹在客人的後背與腳上。此時用熱水調好的溫熱潤滑液，加上小姐滑溜的乳房以及雙腳的觸感，根本就是讓人舒爽到欲仙欲死。

　　其他還有宛如吸盤從脖子一直吻到臀部再游移到雙腳的「萬流奔騰」，以及讓彼此的胯下緊密貼合、雙腳如松葉交錯生長般交纏的「松葉崩」。這些在「氣墊床PLAY」中體驗的快感，與一般的性愛遊戲所感受到快感根本就是天差地別，無可比擬。

「養生會館」是什麼樣的地方？

日本風俗店最為人熟知的基本服務是什麼？

 店鋪型與外送型的微妙差異

　　日本最受歡迎的風俗店型態就是養生會館。養生會館大致可以分為「店鋪型」與「外送型（也就是應召站，或稱「外約茶」）」。當中的「外送型」在1998年風營法修訂（1999年實施）之後數量增加，因而成為當今風俗店的主流。

　　外約茶的話可以先上店家網站看看女孩子的照片，之後再打電話請他們送小姐過來。最近甚至還出現了先簡單約個會後，再與小姐一起上旅館的「約會一體外約茶」。廣泛的通用性，讓各個店家打出了自家特色，有的專攻巨乳與辣妹，有的主打「夜襲」，以與小姐玩矇眼PLAY為基本服務，類型豐富到讓人看了眼花撩亂。

　　但不管是「店鋪型」還是「外送型」，深吻、全身熱吻、無套口交與大腿交（素股）都是基本玩法。原則上只要沒有超過時間，均可無限射精（但短時方案有時會限制）。

　　此外，店家也會提供不少自選項目供尋芳客選擇，例如肛交或玩具凌辱，有些店家或小姐甚至願意提供「聖水（＝尿液）」讓客人飲用。

　　看照片點檯的費用大約1500 ～ 2000日圓，活動期間或者是初次來店的客人有時可以免費。不過這些照片幾乎都會用PhotoShop之類的軟體來修圖，參考就好。

　　「店鋪型」與「外送型」最大的差別，在於報到方式。

　　「店鋪型」要先在店面與男性工作人員碰面，報到後再到等待室與小姐會合。等待的時間通常為10 ～ 20分鐘（指定的小姐若是還在接客，那就要再多等30分鐘到1個小時）。假設打算玩樂的時間是30分鐘，那麼最好抓1個小時左右會比較保險。最近有的店家會在這段等待時間，請客人填寫「想要嘗試的玩法」之類的問卷調查。要是能夠具體寫下要求的話，小姐就會儘量配合你的需求提供玩樂方式，所以那些不敢直接跟小姐

說的人，不妨就直接寫在問卷裡吧。

另一方面，「外送型」是靠電話或網路預約來叫小姐的。不過她們的服務區域有限，如果選擇在店家所在處車站附近的話，可以省去小姐的交通費；但距離若是較遠，那麼就會多出一筆1000～3000日圓的費用。當然也可以請小姐直接來到家裡，不過有人會基於各種因素而排除這種作法。因此先到距離店家最近的車站之後，再請他們把小姐送來附近的賓館，變成了最普通的利用方法，但不需要一個人先去賓館住。只要打通電話給店家，對方就會告訴你可以報到的賓館了。

不管是「店鋪型」還是「外送型」，與小姐碰面之後的流程大致相同。也就是直接進房，寬衣解帶之後先到浴室，將乳頭、腋下及男性性器清淨，再用殺菌漱口水漱口。有些小姐會在淋浴沖澡的這段時間讓小弟弟勃起，若是快要擦槍走火，一定要趕緊告訴對方。淋浴之後兩人再次回到床上，開始享受歡愉的性愛時光。此時男性通常會仰躺在床上，享受小姐獻上的全身服務。在玩樂的過程當中，若是想要讓小姐折磨凌辱，那就直說無妨。

玩樂結束之後再沖個澡，整個服務就算結束，時間若是還沒到，繼續與小姐調情也可以。

近年來店鋪型養生會館因為外約茶的興盛而日趨減少，但也有不少店家主打店鋪型與外約茶截然不同的服務內容。

與泡泡浴相比，在養生會館工作的小姐比較接近素人，與其像泡泡浴小姐那樣提供特別的性愛技巧來伺候客人，她們寧可希望自己工作時也能做得開心。

情況若是許可，她們會希望在自己達到高潮之前，先讓客人舒爽到飄飄欲仙，如此一來情慾不僅會更加亢奮，還能夠擁有一段難以忘懷的銷魂時光呢。

養生會館（大眾店）

遍布日本全國、無論類別或小姐都多采多姿、選擇豐富

Play Style

 本番　素人　技巧

戀愛　美人　凌辱

Play Date

♥費用範圍：1萬5千～3萬日圓　♥玩樂時間：45分鐘～3小時

♥自選項目：放尿PLAY、肛交、吞精

♥女孩類型：以20～30幾歲為主，有不少是以此為副業的素人

 ## 小姐的姿色與技巧各有千秋！

養生會館的大眾店價位稍低，店家遍布日本全國，以門檻低為特徵。

基本玩法有全身熱吻、口交與大腿交。只要時間還沒到，發射次數幾乎都不會有所限制，不過60分鐘左右的基本方案通常射精一次，時間就已經差不多了。

養生會館大眾店最大的特徵就是素人女性多，面試還有講習時當然會教導她們一些服務內容，但是這個類型的風俗店，通常不會用到像和泡泡浴那樣的特殊性愛技巧，而且玩法也幾乎都是由小姐來酌情決定。

所以大眾店的小姐不管是姿色還是技巧，可說是沒有統一的標準，除了店家規定的玩樂方式，有些小姐甚至還會提供頗負自信的玩法來服務客人。

在這當中有些是幾乎沒有異性經驗，但卻立志要以此為職的女孩，因此有不少客人在遇到這樣的小姐害羞地與他們玩樂時，反而會興奮地不得了。

另一方面，大眾店的玩樂方式都是交由小姐來決定，所以難免會遇到不管客人怎麼攻，對方就是跟死魚一樣毫無任何反應，也就是所謂的地雷女。不過近來養生會館在提升服務這方面投注了不少心力，所以這樣的地雷女也就越來越少了。但為了以防萬一，不妨先向男性工作人員提及自己是「第一次來⋯⋯」。只要是服務完善的養生會館，一定會竭盡全力為你找一位不錯的小姐，好讓新客成為常客。

illustration by urute

養生會館（高級店）

享受泡泡浴風俗店無法體驗的頂級服務

Play Style

 本番　 素人　技巧

戀愛　美人　凌辱

Play Date

♥費用範圍：3〜6萬日圓　♥玩樂時間：60分鐘〜3小時
♥自選項目：放尿PLAY、肛交、吞精
♥女孩類型：以20幾歲為主，年輕具姿色，水準頗高

想要與高水準的小姐享受性愛遊戲就到這裡！

　　大眾店與高級店最大的差異，在於小姐的姿色與服務水準。高級店的價位之所以會這麼高，就是為了在小姐的教育和質量上好好投資。有時這些小姐裡頭會出現AV女優或演員的明日之星，所以大家可別把高級店當成是在敲竹槓的黑店喔。

　　正因如此，店家的收費金額會隨著小姐等級的不同而有所差別。與夜總會一樣的競爭原理會套用在這些小姐的身上，試圖提升她們的服務品質。但是這種情況在大眾店反而會讓小姐不好工作，所以店家鮮少會為她們排名次。排名的參考基準並不是店家獨斷的決定或者是偏見，主要是看客人的評價與回頭率。就算小姐容貌傾國傾城，只要服務態度差，照樣無法當上店家的紅牌小姐。

　　不用說，既然是高級店，就算對方是排行比較後面的小姐，照樣能夠體驗到應有的性服務。但還是建議大家指名店內排行較高的小姐，這樣才能夠享受到高級店的精髓。

　　順帶一提的是這類高級店若是加入會員，就能夠以優惠價格享受服務。相對地，沒有加入會員的話，有時價格反而會高出至少5000日圓。至於會員登記通常上網就可以處理。可用假名，但要登記電子信箱。若是不想收到這類郵件，那就另外申請一個帳號，不要把平時使用的電子信箱登記進去就可以了。

illustration by ねぎねぎ納豆

養生會館（人妻店）

正 值 發 情 期 的 小 姐 提 供 的 腥 羶 服 務 ！

Play Style

| 本番 | 素人 | 技巧 |
| 戀愛 | 美人 | 凌辱 |

Play Date

♥費用範圍：8千～2萬日圓　♥玩樂時間：45分鐘～3小時
♥自選項目：放尿PLAY、肛交、吞精
♥女孩類型：以30～50幾歲為主，在性愛遊戲這方面格外積極

♥ 會遇到貨真價實的人妻！？

　　在主打「人妻為您服務」的養生會館裡，小姐的年齡通常以30～40幾歲為主。很多人會以為她們「應該是喬裝人妻的風俗娘」，但令人意外的是不少貨真價實的人妻也會在這裡工作，有時玩樂前後她們還會稍微提及自己的故事。

　　人妻養生會館的醍醐味，莫過於成年女子特有的性愛技巧。姑且不管她們在風俗界的經驗有多長，既然人妻這一路累積了不少性經驗，那麼在做愛這方面態度通常都會比較開放。另外，有人說女性的性慾在30歲左右是巔峰時期，因此這類風俗店旗下通常會有不少床上如狼似虎的小姐。既然是養生會館，玩樂內容與服務一樣都是由小姐來酌情決定。特別是在性服務這方面，應該是不會出現期待落空之類的風險。

　　小姐本身若是渴求玩樂，玩法就會比一般店還要來得火辣刺激，例如從雙舌交纏的深吻開始，全身熱吻時也會順便愛撫，甚至誇張到寸寸肌膚都不放過，尋芳客若是幫小姐手交或舔陰，讓她們達到高潮的話，說不定她們還會願意瞞著店裡的人與你來場本番。

　　人妻店有不少年紀越大、包容力也就越大的小姐，即使男性毫無性愛技巧可言，她們接客的態度依舊和善，所以就算是初次體驗風俗的人，也不需太過擔心。

　　只不過資料上明明寫的是40幾歲，但有時來的小姐看起來卻像是50～60幾歲的阿桑。除非你是熟女控，否則在找小姐時，還是選擇30幾歲女孩子會比較保險。

illustration by 蒼井遊美

養生會館（其他）

類型因小姐容貌與玩法而有所差別

Play Style

| 本番 | 素人 | 技巧 |
| 戀愛 | 美人 | 凌辱 |

Play Data

♥費用範圍：8千～3萬日圓　♥玩樂時間：40分鐘～3小時
♥自選項目：電動按摩棒、跳蛋租借、角色扮演服裝免費提供
♥女孩類型：20～40幾歲，類型多樣。有的甚至頗負個人特色

了解養生會館日益多樣的類型！

　　近年來，有不少養生會館願意滿足尋芳客要求的狂熱性癖，只要店家類型明確，常客說不定就會跟著增加。首先要介紹的是依照小姐外型來分類的養生會館，最常見的例子有「辣妹控」、「巨乳控」、「胖妹控」等類型。不過根據本研究會獨自的判斷標準，「巨乳控」養生會館的小姐體型豐腴，而「胖妹控」養生會館的小姐體型通常會比前者還要龐大。當然「巨乳控」養生會館也有身材纖細的波霸妹，但是看看板照片或官網的照片來看，小姐的實際體型恐怕還要再加一成，這樣比較保險。最近還出現了類型比較小眾的養生會館，例如喜歡角色扮演的「動漫、漫畫人物裝扮控」養生會館，或者是在乳頭及性器上穿洞戴環、在身上刺青的「身體穿洞&刺青控」養生會館等，網羅的統統都是無愧於這些類型、名副其實的小姐。

　　另外，企圖在玩法上拉開差距的養生會館有「夜襲型」。「夜襲型」主打矇眼、電動按摩棒及立即吹等玩法，客人可以選擇男性夜襲，或者是小姐化身為癡女夜襲。另外，最近有些玩樂型風俗店還出現了「機器人養生會館」這個設定小姐為機器人，只接受指令，完全不與客人對話溝通的風俗型態，在個性怕生的男性之間可說是相當熱門。還有希望小姐專門挑逗凌辱男性乳頭、頗受尋芳客喜愛的「乳頭愛撫控」，以及網羅小姐容貌與服務低於一般水準的「地雷女控」之類的養生會館，以朝小眾性需求這個方向來突破重圍。

illustration by 蒼井遊美

當今瀕臨絕跡的
幻想俱樂部是什麼？

風俗店的基本知識

因為長期不景氣與風營法修訂而衰退的風俗店

　　有種風俗店的營業型態曾經在80～90年代席捲這個業界，那就是幻想俱樂部，英文為「Image Club」。為了讓尋芳客享受扮演「癡漢」或「護士」等情境樂趣，當時的幻想俱樂部可說是絞盡腦汁。提供的玩法並非單純的角色扮演，護士PLAY的話有醫院的看診台，癡漢的話還準備了電車拉環，提供了一個設備相當完善的玩樂空間，以滿足客人的性癖好。如此嶄新的內容，讓熱愛風俗的人為之瘋狂不已，根本就是稱霸天下。

　　然而到了2000年代，幻想俱樂部的數量反而開始驟降，到現在幾乎已經不見蹤跡。

　　導致這種情況的原因，絕對不是客人不再有需求或是已經玩膩。當今有不少風俗迷甚至搖旗吶喊，希望幻想俱樂部能夠重出江湖。幻想俱樂部之所以衰退，背後其實有不少因素。

　　首先，是空間設備的維持太耗資金了。當時的來客數在泡沫經濟與雷曼兄弟事件的衝擊之下而減少，根本就難以持續經營下去。另外，店鋪型風俗店加強管制也有影響。1998年風營法修訂過後，風俗店不管是經營還是開業，條件都變得比以往嚴格，店鋪型的養生會館更是全軍覆沒。而因為癡漢這個玩法而導致社會感觀變差的幻想俱樂部，更是不得不自主停業，或者將營業型態改成外約茶。

　　店鋪型的幻想俱樂部雖然已經慘遭潰敗，但是精神卻保留到外約茶的自選項目中，有些店家甚至特地加強幻想俱樂部的服務風格，免費提供角色扮演的服裝，或者是讓客人體驗情境相似的玩法。

illustration by urute

養生會館為什麼
禁止本番？

在養生會館發生的本番是幸運的意外

養生會館的營業型態並不允許本番，因此店家通常都會高喊「禁止本番」，若不遵守，就會處以高額罰金或被列入拒絕往來戶等罰則。

其因在於養生會館這種營業型態，在法律上難以與自由戀愛這個形式串連起來。原則上客人要付錢給店家，然後店家再付薪水給小姐，所以小姐是店裡的員工。她們與身為自僱主的泡泡浴小姐不同，在法律上是難以冠上自由戀愛這個形式的。

正因如此，客人才會遭到店家懲處，而在法律上，店家也會因此被處以嚴厲罰則。特別是店鋪型養生會館幾乎是100%不提供本番服務的。

這個規定原則上外送型養生會館也適用，既然客人是付費給店家，那麼就不允許有本番這種玩法出現。

然而網路的留言板上，有時反而會在「提供本番的店家」名單中，看到一些養生會館的店名，這類資訊絕大多數都不可信。雖然不足以參考，但確實有人曾經在這些養生會館享受本番玩樂。

那麼，為什麼會發生這種事呢？

外約茶通常是兩人在飯店之類的空間裡獨處，因為是在這裡進行色情玩樂，就算是女孩子也會按耐不住、慾火焚身的。再加上從事外約茶的小姐幾乎都是素人，就算彼此之間的關係是尋芳客與風俗娘，但這並不代表兩人不會滋生愛苗。女孩了一旦愛上你，豈有可能說停就停呢？

換句話說，發生在養生會館的本番行為，只不過是「女方自願的」。

重點在於男性不可強迫或色誘女性。有的女孩子會哭著答應進行本番，是「因為客人一直吵著要，根本沒有辦法拒絕」，這種情況往往會引起糾紛。利用外約茶時，店家其實已經掌握你撥過去的電話號碼了。之後若是發生什麼事，店家就會撥打那支電話，有時連個人資訊都會調查得一清二楚。

不過有時候反而是女孩子主動提出「想要進行本番」，而且態度還非常積極。雖然這種情況非常罕見，不過此時的本番是屬於你情我願的行為，就算真的做愛了，通常也不太會有問題發生的。

　　本研究會在進行調查的時候，時常會聽到養生會館的小姐央求客人進行本番的故事。姑且不論是發生在誰身上，這些事件的共通點都是自己絕對不可以主動要求。聽說有人玩到最後竟然變成小姐以騎乘體位，主動進行本番。

　　要明白，除非兩個人真的是情投意合，或者是女方慾火燃燒，否則這種情況根本就是不可能發生的。在訪問養生會館的小姐時，不少人反應詢問「可以插入嗎？」的男性，實在是多到令人覺得一一拒絕真的很煩。既然這麼渴望本番，最好的方法就是選擇泡泡浴，而不是養生會館這種形態的風俗店，因為上泡泡浴就可以名正言順且毫無顧忌享受本番了呀。

　　不可否認的是，在養生會館這個類型的風俗店中，有些店確實是以「一定會進行本番」為口碑。所以到這樣的店，或許就能享受本番了吧？而且有的店家還會在網頁上刊登相關的暗號呢。

　　但是大家要記住一點，這種做法往往會伴隨著風險。畢竟養生會館是「禁止」發生本番行為的，所以我們要確實掌握養生會館禁止這種事的原因，要是真的發生了，那就當作是一個幸運的意外吧。

半套店、全套店

區分的重點在於價格。從有無花瓣迴轉就能看出服務內容

Play Style	Play Date
本番　素人　技巧 戀愛　美人　凌辱	♥費用範圍：2千～1萬日圓　♥玩樂時間：20～30分鐘 ♥自選項目：立即吹、吞精、電動按摩棒・跳蛋租借 ♥女孩類型：從女大學生到家庭主婦，應有盡有

♥ 價格低廉又能享受射精的傳統風俗店

　　荷包空空卻又想找小姐玩，適合這種尋芳客的店鋪型風俗店就是半套店，又稱「風月沙龍」。只要花上2000日圓起跳的破盤價，就能夠享受無套口交與口爆這些基本服務了。

　　風月沙龍最大的特徵是店內格局。高達1公尺的板子隔出的空間裡擺了一張三人座的沙發，而客人就是在這樣的隔間裡與小姐玩樂。當然，在通道上也可看到其他客人與小姐恩恩愛愛的模樣，這就是風月沙龍獨特的淫蕩氣氛，但是不要一直盯著人家看喔，畢竟被陌生人看到自己在享樂難免會不好意思。

　　風月沙龍的女孩類型與服務，會隨著店家不同而差異甚大，難以一眼就看穿店家特色。

　　就類型來講，大致以有無「花瓣迴轉」來區分。所謂花瓣迴轉，指的是在時間內女孩子會一直不斷輪替。二迴轉是兩個小姐，三迴轉的話是三個小姐。

　　那麼接下來，就讓我們依照價位以及有無花瓣迴轉這兩個條件，來看看風月沙龍有哪些類別吧！

【風月沙龍的類型與特徵】

●價位為5～8千日圓／無花瓣迴轉

　　正統的風月沙龍。在這類風俗店工作的小姐，絕大多數都是平時從事不同行業普通女孩，當中還有在學的大學生，適合喜歡小姐近乎素人的尋芳客。

只要是在限定的時間內，就能挑個小姐，一邊調情一邊說愛。在所有類型的風月沙龍當中，虛擬戀愛的感受堪稱最深。

　　除了基本服務，有些風月沙龍小姐還願意為客人舔肛或乳交呢。

●價位為 5 ～ 8 千日圓／有花瓣迴轉

　　主打花瓣迴轉的正統風月沙龍。以20幾歲的女孩子的為主，平均的限制時間為30分鐘，因此三迴轉的話，平均花在每個小姐身上的時間就只有10分鐘。

　　這種類型的風月沙龍無法慢慢聊天，但的小姐會跨坐在沙發上，提供讓客人舔陰的服務。

●價位為 2 ～ 4 千日圓／無花瓣迴轉

　　在風月沙龍當中算是超低價的風俗店。服務的小姐年齡層以30 ～ 40幾歲為主，有風俗經驗的似乎不少。

　　服務方面以無套口交及口爆為基本，亦提供有套口交。沒有花瓣迴轉，兩人相處時間雖多，但因為是超低價店，所以小姐幾乎不太會與客人挑逗調情和親密接觸。

●價位為 2 ～ 4 千日圓／有花瓣迴轉

　　這類風月沙龍適合短時間內可以射精數次的快槍俠。因為是超低價店，因此以二迴轉為基本。小姐的年齡層與服務內容與上述類型相同，不過這種型態的風月沙龍有不少地雷女。即便如此，射精服務依舊不會有所改變，記得以平常心來對待小姐喔。

　　上述為風月沙龍參考的主要型態。但不管是哪一種，基本服務都是無套口交，但也有店家會要求客人戴上保險套。可惜這方面的詳細資訊無法從網頁中得知。

當今極為罕見的「全套店」

在別名風月沙龍的半套店當中，有的店家稱為「全套店」，這就是所謂的「違法風俗店」。這類風俗店以東京為主，有些地區甚至在尋芳客口耳相傳之下聲名大噪，但在取締嚴格的今日幾乎已經絕跡。

「全套店」的玩法，就是最後讓客人射精的收尾方法不是口交，而是本番。

絕大多數的風月沙龍店內音樂吵雜、燈光昏暗，旁人根本無從得知隔間內的人在搞什麼玩意兒，乍看之下會以為小姐只是跨坐在客人身上，但其實兩人是在進行本番。

而判斷「全套店」的關鍵在於價格，基本上風月沙龍除了點檯費，價格通常都不會超過1萬日圓。但如果是「全套店」的話，光是玩樂費就至少要1萬日圓，有時價位甚至與養生會館相差無幾。

這樣的店，極有可能是最後會提供本番這個違法服務的風俗店。話雖如此，大家也別冒險，以為這個價位的半套店一定會提供本番。

因為在這當中，有些店家會根據小姐的容貌水準來設定高價位，這就是所謂的「高級風月沙龍」。

這種高級風月沙龍在本番上管得比養生會館還要嚴格，最好是連問都不要問。要是傻傻地拜託小姐提供本番服務的話，下場極有可能與養生會館或外約茶一樣，遭到高額的罰金甚至是被列入黑名單，要小心。

若是不小心進入「全套店」，小姐就會順其自然進入本番，不需要苦苦相求。當小姐的口技讓你舒爽到快要繳械時，就直接告訴對方「我快射了」。倘若那家店是「全套店」，那麼小姐就會說「那麼我們就……」，催你進入本番。

相反地，如果小姐繼續幫你口交，就代表這家店是「風月沙龍」。既然如此，那就不用想太多，直接發射吧！

illustration by urute

鬆一下

推薦給想要享受短暫本番的尋芳客

 Play Style

本番　素人　技巧

戀愛　美人　凌辱

 Play Date

♥費用範圍：1～2萬日圓　♥玩樂時間：15～40分鐘
♥自選項目：原則上沒有自選項目
♥女孩類型：容貌姣好，以20～30幾歲為主

♥ 泡泡浴以外能夠享受本番、頗具代表性的風俗店

「鬆一下」是可以進行本番玩樂的店鋪型風俗店。這個字在日文原指「時間短暫」，進而延伸出在15分鐘不等、非常短暫的時間內享受性玩樂的風俗店。這種類型的風俗店大多以旅館或料亭為場所，地點通常在過去為合法特種行業的紅線街，以及違法特種行業的藍線街，至今依舊隨處可見。

這個類型的風俗店近年來有減少的趨勢，目前日本全國僅剩幾處尚有「鬆一下大街」。這些鬆一下風俗店鱗次櫛比的地方稱為「新地」，花街柳巷的氣氛相當濃厚。

這類風俗店原則上禁止接吻，會從上半身至下半身的舔吻服務開始進入正題。男性勃起後便會戴上保險套，塗上潤滑液。有套口交進行之後，小姐便會採取騎乘體位進行本番。途中若要變換體位，可向小姐提出要求。主導權交給小姐是鬆一下的潛規則。話雖如此，她們並不會冷淡以對或者是公事公辦，反而還會態度親切地引導整場性事，讓人能毫無後顧之憂地將身心委託於她。不過鬆一下不能要求玩法，像是位在大阪的飛田新地，基本上就不提供無套口交這個性服務，而且小姐也不會因為客人苦苦哀求而點頭。這是飛田新地的遊戲規則，選擇40分鐘或60分鐘等方案時可以進行兩回戰，結束後小姐會用濕毛巾幫客人把身體擦乾淨，這樣整場玩樂就算結束。除了新地，據說泡泡浴街也有偷偷營業的「鬆一下」。而在這些店家當中，傳聞有的小姐願意無套口交，甚至讓客人無套性交。

illustration by 蒼井遊美

外國人風俗店

溝通時雖然忐忑不安，不過對方可是姿態姣好的西方臉孔呢

Play Style

本番	素人	技巧
戀愛	美人	凌辱

Play Date

♥費用範圍：1～3萬日圓　♥玩樂時間：30分鐘～3小時
♥自選項目：服務內容不固定，通常不會特地設定
♥女孩類型：20～40幾歲的外國人，服務精神稍差

近年來風潮漸起的「混血兒風俗店」

日本從以前就有外國人經營的風俗店，例如神奈川與橫濱有俄羅斯與東南亞人開的風俗店，東京池袋則有能與和洋兩方的小姐玩樂的泡泡浴。

然而這類風俗店卻因為實際營業狀況不明這個理由頻頻遭到取締，再加上不景氣導致生意變差，店家數量銳減。在此情況之下，近年來頗受矚目的是「混血兒風俗店」。從混血兒藝人在演藝圈掀起風潮這件事，便可看出四分之一或二分之一的混血兒在日本這個國家一直在增加。

她們不僅會說日語，不少人還是擁有一頭亮麗金髮、鼻子高挺以及身材玲瓏的西方美女。客人非但不需英語，對於喜歡西方人的尋芳客來說，根本就是一個完美的風俗型態。

混血兒風俗店目前數量並不多，但是這幾年在風俗迷之間卻爆發性地掀起風潮，堪稱外國人風俗店（金絲貓店）的前鋒。另一方面，自古便在日本紮根的外國人風俗店今日依舊分布各地，當中知名度較高的就是歐洲娘養生會館。這類風俗店的小姐國籍眾多，但以俄羅斯人為主，而店家數量最多的，則非韓國娘養生會館莫屬。日本全國各地都有韓國人居住，因此店家的分布範圍相當廣泛，東京的新大久保就是最佳範例。另外，有些中國人開的按摩店還會提供射精服務。

價位方面則是應有盡有，提供的服務也不固定，若是要求小姐進行本番的話，有的店家還會要求追加費用。

illustration by 有一九

歐 洲 娘 養 生 會 館

　　這是主打白人美女牌的養生會館，小姐年紀以20歲～45歲為主。過去有些店因為小姐大多來自俄羅斯，因而掛上北歐娘養生會館這個招牌，不過店內所屬的小姐國籍卻包括了西班牙、法國、德國及芬蘭等國家。日益發展的國際化連帶提升了小姐的姿色水準，因而深受好評。這類店家大多集中在都市，這樣各種類型的小姐才能夠齊聚一堂，供客人慢慢選擇。溝通方面難免令人擔心，不過她們幾乎都已經記住一些玩樂的基本單字，而且聽說久居日本的外國女孩，也有越來越多的人加入這一行。總之只要來到這裡，就能夠體驗到有別於日本女孩、氛圍格外不同的玩樂方式。

 韓 國 娘 養 生 會 館

　　由韓國女孩提供性服務的養生會館。所有小姐幾乎都曾整形過，相貌簡直就是偶像等級，加上身體苗條，若不在意小姐曾經整形的話，其實以低廉的價格就能夠與美女共享性愛遊戲，相當熱門。不過韓國人不太喜歡過於豐滿的女性，因此小姐的罩杯以E～F為主流，超過這個尺寸的巨乳非常稀少。能夠進行本番的養生會館還算多。

 中 國 人 按 摩 店

　　按摩的時候客人若是延長時間，有些店的中國女孩就會提供射精服務，但以手交為主流，口交幾乎不常見。不過，也有不少店家帶有違法風俗的色彩，像這類的按摩店通常都會進行到最後……店內小姐大多超過30歲，容貌不能過於期待。

　　由此可見外國人風俗店的類型繽紛多彩，但不管是哪一種類型，皆有好有壞，而中國人按摩店各店家的服務品質更是天差地遠，或許比較適合稍微內行的尋芳客光顧。

站壁仔

與１００％素人來場性冒險，若是日本人說不定還能發展成情侶

Play Style　　**Play Date**

本番　素人　技巧

戀愛　美人　凌辱

♥費用範圍：1萬5千～2萬5千日圓　♥玩樂時間：40分鐘～2小時
♥自選項目：服務內容看對象，自選項目可商量
♥女孩類型：國籍與年齡層不一，近年來御宅女也加入行列之中

 各自交涉、享受本番的違法風俗

　　當「只要能立刻上床，誰都可以」的時候，最適合找的就是「站壁仔」，也就是俗稱的流鶯或街娼。站壁仔的小姐原則上沒有像飯店土耳其浴那樣的管理者（＝皮條客），完全不受拘束。雖然有潛規則，但並沒有風俗店特有的規定，因此費用與玩法全憑交涉。一般行情約2萬日圓，不過也有小姐1萬日圓便可接客。另外，玩樂時間也沒有明確規定，不過有些小姐通常會先說好進飯店後60分鐘，結束後就分道揚鑣。基本上射精一次就結束，如此情況雖然讓人有點空虛，但這也是潛規則。有些小姐交涉過後會答應讓客人再來一次。其實這種情況女方早已見怪不怪了，尋芳客想要再打一發，其實頗難。

　　站壁仔通常會在鬧區的巷子裡出沒。

　　知名的地點有東京新宿的賓館街、神奈川川崎末吉町一帶以及大阪的梅田地下街。

　　這些地點附近都會有貌似站壁仔的女孩子，一直站在同一個地方，雖然難以分辨對方是在等人還是在物色客人，不過站壁仔通常有一個特徵，那就是會一邊看著手機，一邊環視四周。

　　因為要長時間站在外面，所以冬天她們通常會套上一件厚外套，不然就是手上拿著暖暖包。另外，若是從外套縫隙中隱隱看到裡頭的服裝非常暴露，那麼對方說不定就是站壁仔。

　　要是讓女方覺得「這個人似乎會有興趣」的話，她就極有可能會主動提出詢問。

　　當看到想要與其共度良宵的女孩時，其中一個方法就是用眼神試探，

走路速度也要稍微放慢。聽說只要營造出「有興趣找小姐」的氣氛，對方詢問意願的機率就會增加。

站壁仔通常討厭無關交涉的談話內容，而且客人對於玩法也不能要求過多。

因此在尋找站壁仔的時候，要記住她們只會幫你口交或讓你插入，當中有的小姐嚴禁親吻。外國人的話因為文化背景不同，有時會無法如願以償。畢竟兩人之間若是沒有店家居中仲介，服務上確實會難以多加要求。

讚聲不絕的御宅站壁女

近年來，以東京池袋為主的鬧區增加的是「御宅站壁女」。

過去池袋的站壁仔主要都是一些尋求援助交際的辣妹或外國人，不過在池袋的「乙女路」打響名號之後，來自日本全國各地的腐女、御宅女便紛紛齊聚於此，開始在這裡當站壁仔了。

因為她們需要花很多錢來收集那些御宅周邊商品，就算可以轉賣一些珍貴商品來賺錢，但是萬一找不到買方，手上就會缺乏足夠的資金來購買下一個想買的商品。所以有人說御宅女就是為了解決這個資金問題，才開始站壁賺零用錢的。

御宅站壁女的年齡大多為18～30幾歲，打扮普通、長相平凡，身上毫無性感氣質可言，走在路上根本就毫不起眼。

因此，想要在路上找到她們其實並不容易。

想要遇到她們，首先要下載約會交友App，不然就是到專用的留言板上找找看。她們會在網路上募集對象，再以期望的理想價格與對方連上線。另外，聽說她們有時也會採用愛人契約之類的形式，以便定期從對方手上拿到零用錢。

illustration by urute

性快感護膚店

以國王自居，委身於小姐，直到射精

Play Style

本番　素人　技巧

戀愛　美人　凌辱

Play Date

♥費用範圍：1萬5千～3萬日圓　♥玩樂時間：1～3小時
♥自選項目：上空、飛機杯、肛門酷刑
♥女孩類型：20～30幾歲的女性，有的原本就是按摩小姐

讓性快感酣暢淋漓的銷魂按摩

　　性快感護膚店是小姐用精油或粉末幫男性按摩，最後幫助對方射精的風俗店。

　　此類風俗店在這個業界中算是較為早期的營業型態，現在則是配合客人的嗜好細分成「胖妹控」或「足交控」等各種類型的性快感護膚店。而最近掀起風潮的是「乳頭愛撫控護膚店」，也就是小姐在不斷輕舔或撫摸男性乳頭的同時，順便幫對方手交到發射繳械的型態。

　　性快感護膚店當中堪稱最熱門的，就是回春護膚店。有些主打專業按摩的店家會聘請原本就是按摩師的小姐，因此提供的性快感按摩技術堪稱一流。

　　各家按摩店的主要玩法皆有不同，但基本上男性都是處於被動，任由小姐上下撫摸。首先小姐會穿上丁字褲之類的性感內衣，用精油幫客人按摩。除了乳頭等的性感帶，還有真正的淋巴按摩與睪丸按摩，藉以提升男性本能性的性慾。最後再用手交讓客人繳械是基本服務，不過這裡提供的玩法卻可以讓性慾發揮到極致，就算只有打手槍，得到的快感照樣足以讓人酥軟銷魂。

　　換句話說，回春按摩店採用的是，讓人慾火燃燒到幾乎快要變成一片焦土的玩法。當男性已經快要把持不住，極度渴望一瀉千里時，小姐就會助你一臂之力，讓尋芳客感受到一般養生會館無法體會、永生難忘的射精感。當中有人射出的精液量甚至多到連自己都不敢相信呢！

illustration by urute

M性快感

渴望被可愛女孩溫柔凌辱的眾男聖地

Play Style

本番　素人　技巧
戀愛　美人　凌辱

Play Date

♥費用範圍：1～4萬日圓　♥玩樂時間：40分鐘～2小時
♥自選項目：聖水PLAY、灌腸PLAY、女裝、假陽具、男性潮吹
♥女孩類型：大多為OL、學生或護士等素人，美女如雲

為想被癡女凌辱的男性而開設的養生會館

想被女孩子折磨凌辱，但又不想嘗試正統的SM玩法。在此要推薦給自認是「軟弱M」男性的風俗店，就是M性快感。

M性快感是性快感養生會館的一種。其與一般的性快感養生會館一樣，都是由小姐為客人提供性快感按摩等性服務的風俗店。

不過M性快感正如其名，並非只有提供性快感PLAY。這個類型的風俗店還會透過言語羞辱、射精控制（點到為止或忍著不射）、顏面騎乘等玩法，在「刺激埋藏在男性內心深處的受虐性（M性）」的同時進行性玩樂，這就是M性快感。

提到刺激M性，一般人往往會以為這類風俗店因為某些性服務內容反常，所以只適合一部分變態控享樂，然而事實卻非如此。因為在所有性快感養生會館當中，不管有沒有店面，店家數量最多的就是M性快感，堪稱性快感養生會館的主流類型。

M性快感為何會深受眾多男性的支持呢？因為M性快感的基本玩法，是所謂的「癡女PLAY」。

無論是AV片還是色情漫畫，會對男性毛手毛腳的癡女類劇情，往往深受觀眾或讀者喜愛，理由在於癡女本身散發出來的淫亂氣息頗具魅力，同時又能「全盤接受男性羞於見人的另一面」，讓癡女特有的母性緊緊擄獲男性的心。而M性快感的情況也是一樣，在由女方主導整場玩樂的同時，還能讓男性毫不保留地將內心最脆弱的那一面展現出來，進而隨著遊戲進展射精。在射後得到快感之際，還能體會到從平常的「男子漢」這個束縛中獲得解放的快感。

illustration by ねぎねぎ納豆

狂 熱 刺 激 、 眼 花 撩 亂 的 自 選 項 目

　　M性快感的特色，就是讓男性毫不保留展露出自己羞於見人的那一面，同時還有豐富多樣的自選項目服侍客人，例如：聖水PLAY、灌腸PLAY、假陽具的逆肛交、女裝PLAY，還有帶走小姐穿過的原汁內褲或褲襪等等，不少M性快感的店家，均提供了在一般人心目中被視為是反常又變態的玩法選項。

　　只要來到M性快感，就算是一般在性快感養生會館或風俗店被視為是下流的行為，男性也可以鼓起勇氣拜託小姐陪你玩。因此M性快感提供的狂熱自選項目，通常都會比其他類型的風俗店還要豐富，好讓男性能夠如願實現平時深藏在心的一些變態玩法。

　　另外在玩法方面，M性快感的選項也比其他類型的風俗店還要豐富。除了讓小姐折磨凌辱，還能享受富有情境的玩法，從輕柔的折磨到重口味的凌辱應有盡有。不過這裡的SM玩法並沒有SM俱樂部那麼真實道地就是了。

 享 受 被 素 人 女 孩 凌 辱 的 樂 趣

　　性快感養生會館的魅力之一，就是素人女性比泡泡浴等其他風俗店還要多，這種情況在M性快感也是一樣。

　　大多數在M性快感工作的小姐平常都是粉領族或學生，也就是一般的素人女性。

　　因此在店裡凌辱客人的，並不是SM俱樂部的專業女王，而是平常在公司認真工作、在學校用功唸書的女孩子。

　　AV片與色情漫畫中的世界，幾乎原封不動地搬到M性快感來，所以有些M男寧可選擇M性快感讓素人女性凌辱，也不願意上SM俱樂部被折磨呢。

　　另外，也有不少M性快感的店家，會使用前列腺按摩器為客人按摩前列腺、用手指刺激前列腺，甚至提供灌腸PLAY等玩法，因此店內常見對這類玩法非常熟悉的現役女護理師在此打工。而能夠與現役的粉領族、學生及護理師等讓男性嚮往不已的素人女性玩樂，也算是M性快感最吸引人的地方。

輕級風俗店

可以毛手毛腳，但不提供性服務的「模擬風俗店」

Play Style

本番　素人　技巧

戀愛　美人　凌辱

Play Date

♥費用範圍：2千～1萬日圓　♥玩樂時間：30分鐘～1小時
♥自選項目：依照營業型態而不同（休憩型有簡易按摩、耳鬢廝磨）
♥女孩類型：以18～20幾歲為主，容易滋生愛苗

 具代表性的有性快感夜總會與揉乳酒吧

　　嚴格來講，輕級風俗店並不算是「特種行業」。本書只是將其視為服務型態相近的店鋪，因而定位為「輕級風俗店」。輕級風俗店的代表類型有性快感夜總會與揉乳酒吧。這些類型的風俗店與夜總會（也就是酒店）一樣，能夠與店裡的小姐聊天，而最大的差異莫過於能夠撫摸小姐的乳房，或與她們深吻，有些店甚至默許下半身的觸摸。

　　性快感夜總會與揉乳酒吧並沒有明確的界線，但是不少店家通常傾向揉乳酒吧只觸摸乳房，性快感夜總會的話，則是連下半身也可以撫摸。至於調情夜總會，有些店則是允許客人在衣衫完整的情況之下，與小姐深吻或愛撫。然而如此情況並不代表各店家只能提供自家規定的服務，不管是哪一種輕級風俗店，享受到的服務幾乎雷同。

　　也就是說，只要把輕級風俗店當作是不提供射精服務的風月沙龍就可以了。店內燈光通常明亮，可是一到精力時間燈光就會變暗，接著小姐會跨坐在身旁的男客人大腿上，將對方的頭壓在裸露的乳溝之間。在這將近10分鐘的精力時間裡，男性可以盡情吸吮乳頭，揉捏乳房。不僅如此，小姐還會在男性的跨股之間扭腰擺臀，提供類似大腿交的服務。

　　在這種情況之下，只要男性不射精，就算勃起也不會發生糾紛。而小姐若是看到客人勃起，還會覺得「自己讓對方興奮起來」而沾沾自喜呢。

 想和性快感夜總會的小姐談戀愛！？

　　性快感夜總會與揉乳酒吧的小姐有個共同點，那就是比夜總會的小姐還要容易與客人墜入情網。

性快感夜總會的小姐和一般的夜總會小姐一樣，有時會收到客人的名片。只要在上頭留下個人的聯絡方式，就有機會讓小姐覺得「你是一位好客人」，或者讓她「個人對你感到好奇」。

與一般的夜總會相比，性快感夜總會的小姐對於色情比較好奇，在與男性交往上態度也會比較積極，因此有時在交換聯絡方式的當天兩人就會另外續攤。

採訪這些小姐的時候對方提到，平常的她們也是凡人，所以要是有人愛撫乳房或者是輕撫下半身的話，內心的情慾就會開始騷動。

因此輕級風俗店的醍醐味，應該就是與素人女性挑逗調情吧。

以低年齡層女孩為對象的休憩體驗

輕級風俗店還有另外一種類型，那就是「休憩型」。這種類型的店可以讓女孩子幫你按摩或挖耳朵。雖然沒有射精服務，但店家卻準備了不少自選項目。像是前一陣子JK（女高中生）就相當槍手，但是之後卻受到管制，現在店家若是雇用真正的JK反而會受罰。

當然，這種店並不是風俗店，所以客人雙手不可以觸摸小姐的胸部或大腿，也不可以射精。不過，有些店卻會提供客人一些可以撫摸小姐身體的自選項目。

休憩型沒有裸身或射精服務，店裡也大多以18～29歲、年輕尚未有風俗經驗的女孩為特徵，因此與難得接觸的素人女孩玩樂，便成為店家主打的賣點。在規定的時間內不僅可以與小姐開懷暢談，對方也不會過度排斥，兩人之間通常可以坦率聊天。

最近有店家以「調情休憩」為名推出新的類型，這類店家同樣幾乎沒有性方面的接觸，大家可以選擇耳鬢廝磨等自選項目，讓腦海裡的性妄想更加豐富。

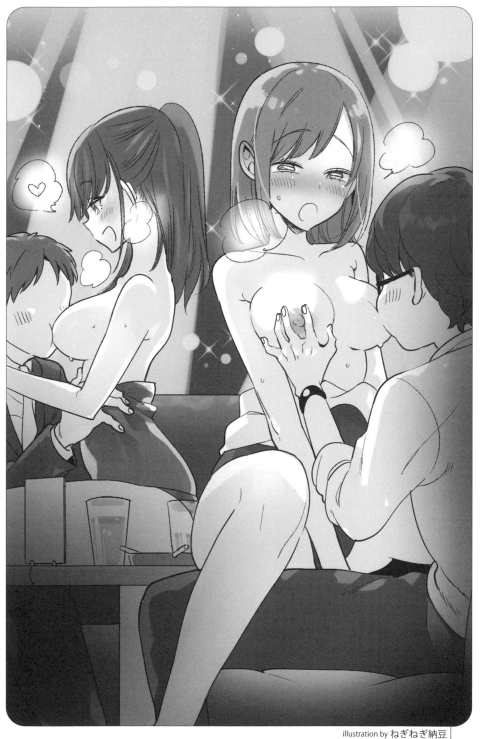

illustration by ねぎねぎ納豆

尻槍俱樂部

推薦給想被視覺強暴、Ｍ性癖強烈的自慰風俗店

Play Style
 本番　素人　技巧
戀愛　美人　凌辱

Play Date
♥費用範圍：2千～1萬日圓　♥玩樂時間：20分鐘～2小時
♥自選項目：上空、顏面騎乘、觀賞小姐自慰
♥女孩類型：擁有正職的20～30幾歲女孩，頗有姿色

純粹觀賞自慰，素人美女如雲

　　為了提供客人在女孩子面前自慰射精這項服務而誕生的尻槍俱樂部，於2000年代登場時，因為被人視覺強暴這項要素受到青睞而盛行，今日在自慰迷心中地位依舊屹立不搖。

　　之後店家增加了讓小姐在客人快要繳械時幫忙打手槍這項自選服務，接著又追加了打腳槍、露內衣褲、揉乳房等豐富充實的玩法選項。近年來為了突顯出服務的差別化，越來越多店家甚至推出了一絲不掛或顏面騎乘等重口味的自選項目。

　　在挑選打手槍、尻槍俱樂部時，看清價格以及店內有沒有長相討人喜歡的小姐是重點。以在女孩「面前」自慰為基本玩法的尻槍俱樂部，通常不會要求小姐必須具備性愛技巧或富有服務精神，因為讓客人出火發射或者是性趣亢奮的最大因素，在於盯著自己看的女孩子姿色如何。

　　或許是踏進這行的門檻不高的關係，刊登在尻槍俱樂部網頁上的小姐大頭照，就算打上馬賽克也不會整個模糊一片。只要稍微集中精神，通常就能夠想像照片中的小姐模樣。因此當我們在挑選店家時，不妨以價格低廉，而且又能夠找到讓自己興奮的女孩子為條件來決定。另外，最近有些店家會在網頁上刊登小姐的部落格，好讓客人確認對方是一個什麼樣的女孩子。講究細節的店家還會加上曾經來店體驗的客人評價，大家不妨參考看看。

illustration by urute

逆按摩店

成了盲點？專門讓小姐舒爽酥軟、欲仙欲死的嶄新風俗店

 Play Style

本番	素人	技巧
戀愛	美人	凌辱

 Play Date

♥費用範圍：2千～2萬日圓　♥玩樂時間：20分鐘～2小時
♥自選項目：摸奶、電動按摩棒租借
♥女孩類型：20～40幾歲的素人，不少人未曾有過風俗經驗

💗 巷弄之間深受矚目的「逆按摩店」

　　AV這個領域以按摩為主題的影片，人氣可說是歷久不墜，因為這類作品可以觀賞到男按摩師在為對方全身按摩時，情慾因此而高漲的女性全身宛如電流通過般，飄飄欲仙的嬌媚模樣。

　　而光是看到女性酥軟銷魂的樣子就興奮不已的人，應該出奇地多吧？

　　其實有一種風俗店可以享受到這種玩法，那就是「逆按摩店」。在AV按摩片當中，當女孩子呻吟不安、高潮不斷時，劇情就會進入品玉吹簫，一路直達本番。而在「逆按摩店」這一類的風俗店，則是可以享受到前一個階段，也就是男性為小姐按摩，讓她們達到高潮。

　　不過在進行這種玩法時，小姐要身穿內衣褲，而且客人不可以把手伸進內衣褲裡，或者舔舐身體的某個部位。

　　基本上允許按摩的部位就只有乳房。另外，這裡與養生會館或泡泡浴風俗店不同，在進入玩樂之前並沒有淋浴時間，所以就算有油壓按摩這個自選選項，也會規定頭髮等部位不可沾上潤滑油。

　　「逆按摩店」最大的魅力，就是幾乎每一家店都有電動按摩棒這個自選項目。當小姐情慾難耐時，便可拿出電動按摩棒乘勝追擊，讓她們全身彷彿電流亂竄、周身抖動，同時又血脈賁張、欲仙欲死。如此玩法在性癖好者之間深受好評，因為他們不僅可以就近欣賞女孩融化升天的嬌媚模樣，還能體會到「成功讓女孩子達到高潮」的成就感與征服感。

illustration by urute

偷窺房

站在魔術鏡的另一端就近窺伺小姐的黑森林！

Play Style

本番　素人　技巧

戀愛　美人　凌辱

Play Date

♥費用範圍：2千〜6千日圓　♥玩樂時間：20〜30分鐘
♥自選項目：摸奶、手交、口交
♥女孩類型：25〜30幾歲，有不少是脫衣舞小姐

誕生於80年代昭和時期的傳統風俗店

　　1981年誕生於大阪的偷窺房，是至今依舊保有昭和風情的風俗店。東京目前僅有新宿還剩兩家，不過作為簡單體驗風俗店的起點而言，偷窺房可說是入門者踏進青樓的門徑。

　　這類風俗店會在店內的正中央設置一個圓形的大舞台，周圍環繞著小包廂，如此一來客人就能透過魔術鏡欣賞女孩在舞台中央表演豔舞了。開場時女孩會以身穿睡袍或內衣褲的模樣登場，並且配合音樂節奏開始舞動；之後再慢慢褪下羅衫，待表演到進入高潮時，便會開始搔首弄姿、盡情自慰。這一類的風俗店算是在小包廂裡欣賞的脫衣秀（牛肉場）。表演時女孩會面對魔術鏡，讓胯下與臀部慢慢逼近，此時一覽無遺的女性性器，讓客人只要隔著一層魔術鏡就能夠就近觀賞。魔術鏡上方有一個空洞，可以直接將小費投給舞者，不過最近給小費的客人幾乎是屈指可數。包廂裡隨時都會準備面紙與濕毛巾，以供客人打手槍用。演出結束之後，方才在舞台上表演的舞者，會分別來到包廂詢問客人「是否需要自選項目」，內容多半是摸乳房、手交或口交，追加的費用約2〜4千日圓。就算這些服務項目全選，費用也頂多與風月沙龍一樣，甚至不會超過，價格上真的非常低廉。當然，自選項目不需要也沒關係。

illustration by urute

模特兒攝影會

將等同素人的女孩子擺出的重口味姿勢珍藏到相機裡

Play Style

本番　素人　技巧

戀愛　美人　凌辱

Play Date

♥費用範圍：6千～3萬日圓　♥玩樂時間：30分鐘～8小時
♥自選項目：基本上僅限攝影，姿勢等服務由女孩子決定
♥女孩類型：18～20幾歲的寫真女優未來之星及角色扮演者

 有時還可拍到身穿三點式比基尼的女孩

　　模特兒攝影會誠如其名，其實就是拿著相機幫女孩拍照的活動，而且這類活動絕大多數都是在東京等都市舉辦。只要上網搜尋，就能找到什麼樣的女孩在哪裡可以拍攝等，一些公布相關詳情的網站。而擔任模特兒的女孩，有些當然是因為對攝影會稍有興趣而參加，不過絕大多數都是立志要當偶像或模特兒的女孩或角色扮演者，個個姿色水準中上，也有非常可愛的女孩子。

　　至於攝影內容各個活動大有不同。服裝方面基本上以角色扮演為主，但也有女孩子會穿上較為暴露的服裝或泳衣。有的攝影會甚至讓女孩子穿上三點式比基尼等，口味極重的性感泳衣，像這樣的活動往往讓參加者趨之若鶩、蜂擁而至。參加方法原則上要上網填寫專用表格，有時接受電話報名，但難免會遇到主辦者人手不足等情況，因此還是建議大家上網報名。參加這樣的攝影會通常都會讓人以為，一定要準備單眼相機之類的專業相機，其實不然，簡單好操作的數位相機也可以。不過有的攝影會禁止使用智慧型手機，因此在參加前要記得詳讀注意事項。順便告訴大家一點，AV片中那種充滿情色的濫交情節，這類活動裡是不會出現的。與模特兒變得熟稔，兩人之間發展出戀愛關係雖然不是不可能，但是非常罕見。所以大家要想開一點，讓兩人的關係止於攝影會的心態很重要。

illustration by ねぎねぎ納豆

約會交友風俗店

一切端視交涉結果，屬於尊重女方意願的交友制度

Play Style

本番　素人　技巧

戀愛　美人　凌辱

Play Date

♥費用範圍：2～5萬日圓　♥玩樂時間：60分鐘～2小時
♥自選項目：與小姐交涉後再決定
♥女孩類型：以20多歲的素人為主，但也有不少狡猾的女孩子

 稍偏灰色地帶的約會交友咖啡廳制度

　　約會交友類風俗店是本書自創的名詞，大家應該會感覺陌生才是。這個詞泛指所有以介紹男女認識為目的店家或網站。雖然不算是真正的風俗店，但卻能稍微享受戀愛關係～色情行為，所以才會特地冠上風俗店這個詞。

　　在所有約會交友風俗店當中，最受歡迎的應該是「約會交友咖啡廳」。2018年因為登上政治版面而引起話題的「約會交友咖啡廳」，採用的是客人與女孩在包廂裡聊天，若是情投意合便可一同外出的制度。剛開始的聊天對象是從在魔術鏡另一頭等待的女孩中挑選的，在這段過程當中，女孩子並不會做出一些引人注目的舉動。有些店家的女孩子會故意露出內褲，但這並不是店家提供的服務，而是女孩子的自願行為。

　　指定女孩子之後，兩人便可移動到另一間房，進行5～10分鐘的交談時間。此時女孩子會提到一些與情色有關的各種專業用語。因此大家最起碼要知道「H別」，也就是「賓館錢（H）另計」；對方若說「H別2」，那就是指除了上賓館的錢，還要再加2萬日圓。其他的像「套有」是指「有保險套」，「NN」是「無套內射」，「F」是「口交」等等。沒有事先理解這些用語的話，在約會交友咖啡廳與女孩子聊天時就會溝通不良。

 交友咖啡廳裡找到約會對象的話……

　　若是成功在約會交友咖啡廳約到女孩子的話，那麼第一個要問的，就是對方可以給你多少時間。並不是說兩人外出的時間有限制，而是女方通常都會非常希望能夠多認識幾位男性，所以她們是不可能整天都和你膩在

一起。

　　因此女孩子對你的期望，通常會隨著時間寬裕程度而大幅變動。假設是兩個小時的話，簡單吃個飯再來了解彼此，也是一個不錯的選項。不過有些女孩子比較狡猾，會利用約會來消磨時間，一旦錯過上旅館的大好時機，可能請對方吃完飯就要揮手道別了……這種情況也是會發生的。在沒提供定型化服務的「約會交友風俗店」裡，要不要約會全看女孩子的意願，畢竟整個主導權大致都掌握在女孩子手上，所以在約她們上賓館時，要儘量順其自然。

　　與「約會交友咖啡廳」相同體系的，還有「約會拍賣俱樂部」這種類型的風俗店。基本上來說，兩者系統幾乎相同。而想要盡情享受約會交友咖啡廳的最大樂趣，莫過於事先掌握利用方式。既然各自交涉是基本原則，就代表問題也有可能會發生。因此玩樂時要記得這種營業型態的風俗店，本身就是一個曖昧不明的灰色地帶。

 ### 若要透過配對交友 App 尋找對象的話

　　在智慧型手機相當普及的現在，與素人女性邂逅的方式開始轉移到「配對交友App」。過去大家都是在知名留言板上募集對象，但是在這裡尋找對象的女性，通常都不會限定而是向許多人公開自己的訊息，相對之下風險也大。

　　但如果是配對交友App，在某個程度上其實是可以保有隱私的。最近這種App的使用方式改成一天會收到好幾張女孩子的大頭照，只要將中意的對象登記在「喜歡」這個項目裡，軟體就會主動將你的意願傳送給對方。

　　女孩子在看了你的照片與個人簡介之後，如果也有意思的話，就會與你交換訊息進行配對。

　　只要善用具有這種功能的App，其實就能夠與更多女孩子進行配對。雖然這些女孩子的目的，幾乎都是為了尋找愛情，但是在這當中，也有人是為了尋求援交關係。

　　這就是大家熟知的那些從事「爸爸活」，也就是尋找乾爹包養的女孩子。她們通常不太在意男性的容貌，要如何與對方交往以及交往目的也非常明確。在這當中最常聽到的，就是前文提到的「H別」之類的專門用

illustration by urute

語。原本是過去出現在約會交友網站上的暗號，現今卻在女孩子之間流傳開來。

像這樣的配對App之所以能夠發揮功效，原因在於過去約會交友網站中層出不窮的「sakura （＝架空的女性）」，在這個App裡並不多。雖然有時還是會遇到疑似sakura的女孩子，但是像傳統的約會交友網站那樣，有90％可以肯定是sakura的情況已經不見了。因此只要好好善用約會交友App，說不定就能夠發展出一段意想不到、各求所需的援交關係呢。

 ## 無 論 結 果 為 何 ， 責 任 皆 在 於 己

除了上述介紹的兩種約會交友方式，我們還可以利用「神待留言板」（離家出走的女孩尋找可以提供住宿及飲食之男性的留言板）或「大型SNS」，方法相當多元豐富。但既然是以援交為目的，約會交友咖啡廳與配對App效率會更好，而且找到對象的機率也比較高。

但在尋找對象之前有一點要先確認。前文曾一再告訴大家，這類的約會交友風俗店，原則上與跟女孩子自由戀愛沒有兩樣，而且兩人也未必會像泡泡浴風俗店那樣進展到本番。就算兩人已經說好了，還是有可能會遇到「見到本人之後想法改變」之類的情況。既然約會交友風俗店的女孩非屬店家的員工，那麼會不會發生性行為，責任所屬就不在於店家了。

然而男性對於這樣的女孩子要是不能夠忍受的話，有時反而會闖下大禍。即便發生這種事，女方也不需要負責任的。就算向兩人認識的店家或網站客訴，對方也不會有所回應。因此當我們要上約會交友風俗店尋歡時，最重要的就是要寬宏大量，不管發生什麼事都不為所動。只要讓女孩子感受到從容成熟的態度，成功機率也一定會跟著提高的。

濫交酒吧

想享受變態玩法的素人男女齊聚一堂的異端風俗店

Play Style

| 本番 | 素人 | 技巧 |
| 戀愛 | 美人 | 凌辱 |

Play Date

♥費用範圍：1～3萬日圓（會費、飲食費另計）　♥玩樂時間：自由
♥自選項目：SM PLAY、濫交PLAY、被戴綠帽PLAY、偷窺PLAY
♥女孩類型：喜歡SM或變態玩法的素人女性

♥ 素人男女對變態行為興致勃勃的成人社交場所

客人可以互相享受各種變態玩法的地方就是濫交酒吧。

濫交酒吧通常分為可以享受美食與聊天的酒吧區、以及用來玩樂的享樂室，以供情投意合的客人共享歡愉時光。這類地方是以「客人自己情不自禁」為名目，來提供各種性愛遊戲的。

至於玩法則是五花八門，有雜交PLAY、SM PLAY、情侶中的男性讓自己的女伴與其他男性玩樂的被戴綠帽PLAY、從孔洞中偷窺上述這些行為的偷窺PLAY，以及滿足暴露慾的暴露PLAY等等，只要來到這裡，就能夠盡享平常無以體會的變態行為。

此外，絕大多數的酒吧在收費上，都是情侶與單身女性比單身男性便宜，而且幾乎採取會員制，並以保密為義務。

濫交酒吧有別於其他風俗店，是多數素人一同參與的玩樂方式。只要來到此處，就能如願實現各式各樣的變態玩法，例如濫交、SM、讓多數素人女性遭受折磨或凌辱、戴綠帽或被戴綠帽、偷窺等。不過，對方同樣是來此尋歡的客人，因此玩樂時要先徵得對方同意喔。

因為濫交酒吧的玩法極有可能會觸犯法律，所以利用時要多加小心。有些店家並不使用濫交酒吧這個名稱，而是以「戀物癖酒吧」之名來營業，大家不妨多方搜尋，從中找到迎合自己癖好的店家。

illustration by 蒼井遊美

濫交、買春、SM PLAY……
成人派對的現況為何？

貪圖性愛、對象非特定且多數的成人派對

成人派對是當世男女為了滿足「變態的性需求」而齊聚一堂，以展開一場酒池肉林、荒淫之宴的性愛派對。

過去不管是在雜誌、晚報還是網路上，都曾出現成人派對大肆宣傳的廣告，然而之後卻因遭人檢舉，現在幾乎已經不再如此囂張了。不過如同後述，這並不代表成人派對已經完全消失匿跡。

在介紹成人派對的現況之前，要先和大家聊聊一個基本話題，那就是「何謂成人派對」。

成人派對是多數男女在高級公寓或飯店同處一室時進行性行為，也就是濫交派對的別稱。

參加者可以與看上的對象做愛，也能享受3P或4P等多項玩法，甚至在旁欣賞也無妨。「參加者不可拒絕邀請」、「可以拒絕邀請」之類的規定，各個派對皆不同，但是基本上每一位參加者都能夠自由享受性愛的樂趣。

參加費方面，男性的行情價約1萬5千日圓至2萬日圓，女性的話通常是免費參加。

上述提到成人派對算是濫交派對，但是卻能夠享受到五花八門的變態玩法，並非只是單純濫交。

例如把女性綑綁起來調教，或者是自己置身於外，讓深愛的妻子或情人與別人上床之類的玩法。成人派對幾乎都會在會場裡提供酒類等飲料以及美食，讓客人在欣賞他人性交場景、女性受人調教，甚至是自己喜愛的女性與別人私通模樣的同時，又能飲酒作樂，享受佳餚。大家不覺得這樣的玩樂內容相當變態嗎？

這類成人派對的參加者，幾乎都是一般的上班族或家庭主婦之類的素人男女。如此詭異的派對，往往會讓人以為是由古怪的可疑人物所舉辦，

其實舉辦者通常是濫交控的男性，不然就是以賺取零用錢為目的的平凡主婦。

但是這些人聚在一起未必全都是為了性趣。過去有些性愛派對為了供客人買春，會讓風俗娘以假用戶（sakura）的身分參加。或許是這個原因，使得近年來不少成人派對頻頻遭到檢舉。

其實濫交這種行為本身就已經觸犯了「公然猥褻罪」。要是參加派對的女性接受報酬的話，就會以「違反賣春防止法」這個罪名被逮捕。雖然過去警方並未積極取締，但在大肆宣傳的主辦者以及前述以買春為目的的派對日益增加的情況之下，現在已經開始遭到警方加強取締了。

即使一檢舉就會被捕也無損其人氣

最近成人派對的廣告雖然不常見，但派對本身並未消失。

若要尋找相關訊息，不妨上網路留言板看看。

只要找到以濫交控聚集交流為目的的專屬留言板，或者是大型網路留言板中的成人板，就能夠立刻找到成人派對公告等相關留言。

另外，在會員制的社團裡只要與主辦者交換電子郵件，有時也會收到對方直接來信告知何時舉辦派對的邀請函。成人派對原本就是一個性癖同好一起享樂的情慾世界，為了躲避取締，不少這類派對往往會私下舉辦。

話雖如此，我們也不能隨便推薦大家參加這種派對。因為濫交派對只要一參加，就會觸犯公然猥褻罪，一旦遭到取締，就一定會被逮捕。唯一合法的就只有少數熟人之間發生的性行為，但是除此之外，幾乎所有的濫交都會觸犯公然猥褻罪。

大家若對成人派對有興趣，除了充分理解其所帶來的危險性之外，還要負起個人責任，好好管理風險才行。

什麼是「SM風俗店」？

想玩SM PLAY、卻苦於無人相陪的SM控救贖之地

 讓入門者也能安心享樂的 SM 風俗店

　　想讓女性如我所願，乖乖服從、想要用鞭子還有蠟燭好好調教、想要讓奴隸好好服侍……或者想要反其道而行，成為女性的奴隸，心甘情願地承受痛苦凌辱，被當作人體馬桶踐踏等等……能夠滿足人類施虐或被虐等性癖好的，就是SM風俗店。

　　SM是一個有性施虐嗜好的S（Sadist，虐待狂）與性受虐嗜好的M（Masochist，受虐狂），在徵得彼此同意之下進行性愛的反常世界。S與M通常是以「主人與奴隸」這層關係來進行玩樂，但如果是SM風俗店的話，則是付錢的「客人」與「SM娘」暫時締結主奴關係來享受SM PLAY。

　　至於實際玩法，SM風俗店的客人要先決定自己要當S還是M，因為這兩種角色的玩法剛好相反。此外，同樣都是S與M，但是每個人偏愛的玩法卻各有不同，因此店家提供了琳瑯滿目的方案，有客人當S的方案，也有客人當M的方案，就連輕度SM到重口味SM也是應有盡有。「不僅要讓女孩子痛苦，還要讓她們爽翻天」、「很想被女孩子凌辱，但是又不想痛到唉唉叫」等等，能夠配合客人要求提供玩法，使其樂在其中的，正是SM風俗店的魅力。

　　雖說是SM，但既然是風俗店，就算是剛入門的人也能夠安心享受SM PLAY這一點，也算是SM風俗店的迷人之處。即便是「對SM有興趣，但卻不知怎麼玩」的人，也會有經驗豐富的M娘或女王教導玩法及作法，就連「想要確認自己是不是M」的人，女王也會選擇適當的玩法，為你帶來受虐的快感。

　　然而SM這種玩法對於虐待者及受虐者的肉體負擔不輕，因此費用上也會比一般的風俗類型還要高，而且玩法越激烈，價格就會越昂貴。

性 癖 與 喜 好 不 同 ， 玩 法 也 會 跟 著 改 變

　　SM風俗店可分為輕度SM、適合S男、適合M男，以及所有類型均可提供這四種。

　　輕度SM控風俗店是增添SM要素及情境的養生會館或M性快感，能夠享受到言語羞辱、打屁股、肛門酷刑等較為輕柔的玩法，就算是SM入門者，也能夠輕輕鬆鬆地樂在其中，更適合推薦給想要靠稍微有點SM的玩法來提升性趣的人。

　　在適合S男玩樂的店家裡服務的小姐全都是M娘，尋芳客可以與她們進行鞭打、滴蠟燭或綑綁之類的道地SM玩法。另外，在適合M男尋歡的店家裡服務的小姐，則通常為S娘或女王，因此能夠享受到真正的女王PLAY。

　　SM風俗店最基本的類型就是第四個「所有類型均可提供的店家」。這種類型的SM風俗店玩法因方案而異，例如：「輕度SM方案」、「S方案」、「M方案」、「SM方案」（能夠同時享受S與M玩法的方案）等，玩法從輕柔到重口味應有盡有。

 ## 不 管 玩 法 有 多 變 態 ， 統 統 照 單 全 收

　　SM風俗店的另一個魅力，應該就是不少店家除了SM，還提供了許多各式各樣的變態玩法，畢竟人類的性癖好是無法簡單歸納為S或者是M。

　　例如：聖水PLAY、人體馬桶、灌腸排泄之類的糞尿癖玩法。扮醫生遊戲、男扮女裝遭人凌辱的女裝M PLAY、穿上尿布的幼兒PLAY、只是默默地把女性綑綁起來的緊縛PLAY等，能夠享受這些無法在一般風俗店體驗的玩法，正是SM風俗店最吸引人的地方。

　　因為SM風俗店在接受男性變態性癖好這方面，其實早有一段悠久的歷史。而在主人與奴隸這層特殊關係之下，可以讓客人毫不保留地將心中的所有慾望吐露出來的，就是SM風俗店。

　　店內的女王與M娘都是以SM娘的身分，看遍男性各種性癖與本性的女性。正因如此，她們不僅能夠張開雙手，接受潛藏在你心中的虐待以及被虐的慾望，還能夠讓你將那深埋的變態性癖，毫不保留地吐露出來。

輕度SM

輕鬆欣賞小姐被凌辱的模樣以及淺嚐被小姐凌辱的風俗店

Play Style

本番　素人　技巧

戀愛　美人　凌辱

Play Date

♥費用範圍：1萬5千～3萬日圓　♥玩樂時間：40分鐘～2小時
♥自選項目：聖水PLAY、緊縛PLAY、角色扮演、女裝
♥女孩類型：以喜歡SM這種玩法的素人女孩為主

 享受虛擬愛情的 SM 玩法

　　正式的SM PLAY令人卻步，但卻又想與女孩子玩些有點SM的性愛遊戲。適合推薦這種人的，就是輕度SM風俗店。

　　來到輕度SM風俗店可以享受言語凌辱、簡單的綑縛PLAY、以及打屁股等皮痛肉不痛的輕柔凌辱玩法，一般又可稱為「溫柔SM」。

　　溫柔SM並不是以調教對方為目的，而是一種把SM當作提升性趣的催化劑而進行的性愛遊戲。所以就算是入門者，也能夠輕鬆地樂在其中。而能同時盡情享受和養生會館一樣的性服務，也算是這類風俗店的最大特色。

　　另外，溫柔SM比正統的SM還要容易進入狀況。因此除了SM俱樂部，M性快感以及一般的外約茶之類的風俗店，有些也會準備「溫柔SM方案」供尋芳客享樂。這樣的店家通常會與對SM有興趣的素人女孩攜手合作，就算是SM俱樂部，也會在溫柔SM方案中，讓純真的新人上場兼講習，所以客人除了凌辱這些嬌羞的女孩，相對地也能夠讓她們羞辱你。

　　而溫柔SM最大的魅力，就是「可以享受模擬戀愛的SM玩法」。溫柔SM原本是情侶為了點燃對方心中慾火、加深愛意，好讓兩人關係更加親密的手段。如此用意在風俗店的溫柔SM也是一樣，即使是初次見面的人，也能夠輕易地心靈相通，讓虛擬愛情的感覺更容易萌芽。

　　對SM PLAY有興趣，而且也想要與女孩子擁有一段虛擬愛情的人，選擇輕度SM風俗店可說是再適合也不過了。

illustration by 有一九

S PLAY

踐踏女性的自尊心，讓彼此得到快感的基本SM玩法

Play Style	Play Date
本番　素人　技巧 戀愛　美人　凌辱	♥費用範圍：●2～10萬日圓以上　♥玩樂時間：90分鐘～3時 ♥自選項目：肛交、浣腸PLAY、吊起凌辱、野外PLAY ♥女孩類型：喜歡被調教的M女，當中有不少是天生的M娘

盡情調教天生 M 娘

讓尋芳客化身為主人來折磨M娘的就是S PLAY。

基本玩法有綑縛身體（綑縛工具、緊縛）、鞭打、滴蠟燭、在女性性器或肛門插入異物之類的「凌辱奴調教」，以及強制口交、全身熱吻等「侍奉奴調教」。

此外，就算是凌辱奴調教，也有使用鞭子與蠟燭的痛苦型調教、使用成人玩具挑逗陰部的快樂型調教、灌腸排泄的羞恥型調教，以及肛交或壓頭口交等凌辱系型調教，不管是哪種玩法，皆端視要如何折磨對方而改變。

店家與女孩不同，可以接受的玩法也會有所差異。有些女孩子接受溫和的散鞭，排斥刺激的條鞭；肛交方面有的人OK，有的人NG。因此在正式玩樂之前，最好先與對方確認可以玩到什麼地步再開始。

以M娘這個身分在店裡服務的女孩子有的是S與M皆可，有的則專攻M。專攻M的女孩子都是喜歡SM，而且巴不得任人調教的女孩子。若想將對方當作真正的性奴調教的話，那就要選擇NG條件比較少的天生M娘。

天生M娘可以不斷地一再調教，彷彿真正的愛奴服從於你，兩人若是合拍，有時甚至可以私下發展出主奴關係呢。

在進行S PLAY時，不少男性會認為「既然對方是M」，那麼玩樂方式就可以為所欲為，然而漠視對方的玩樂方式是得不到最棒的性奴的。因此當我們在享受性愛遊戲時，一定要遵守最基本的理解與遊戲規則喔。

illustration by ねぎねぎ納豆

M PLAY

向美女下跪，享受當僕人好好服從、任對方調教的喜悅

Play Style		Play Date

Play Style

本番	素人	技巧
戀愛	美人	凌辱

Play Date

♥費用範圍：1萬5千～10萬日圓　♥玩樂時間：1～5小時
♥自選項目：聖水PLAY、黃金PLAY、野外調教、格鬥PLAY
♥女孩類型：女王及素人S女性。容貌水準頗高

 ## 想被女性踩在腳下當奴隸的 M 男聖地

　　與 S PLAY 相反的性愛遊戲，就是換客人被女性凌辱的 M PLAY。

　　玩樂的對象雖然是女性，但在 SM 俱樂部裡負責凌辱的可是女王。既然被稱為女王，不管是容貌還是身材，絕大多數都是水準之上的女性。不過有些店反而會推出巨無霸、蘿莉型或者是金絲貓女王，選擇可說是琳瑯滿目相當豐富。

　　M PLAY 的基本玩法與 S PLAY 幾乎大同小異，只是將 S 男凌辱 M 娘這個遊戲規則改成由女王凌辱罷了。而且那些女王個個都是凌辱男性的專家，不光是讓對方感到痛苦、折磨凌辱，她們還會配合男性的嗜好，把對方當作真正的奴隸來刺激他們的 M 性。

　　說到女王，第一個浮現腦海裡的就是毫不留情凌辱 M 男的模樣，其實不然。店家通常都會事先詢問客人，希望享受什麼樣的玩法好讓女王配合。所以狠心凌辱男性的女王，只不過是為了達成 M 男的要求罷了。

　　為此，「想被女王凌辱但卻又會怕」的人，只要到 SM 風俗店選擇 M PLAY，就能夠安心享樂了。另外，若是不知道自己究竟有多 M 的話，不妨事先告訴店家，請女王好好調教，如此一來在玩樂的過程當中，就能夠順便確認自己到底有多 M 了，畢竟她們是看盡無數 M 男的 SM 專家，這種小事根本就不算什麼。

　　SM 俱樂部還會為入門者提供適合的方案，要是「覺得自己是 M，卻苦於毫無玩樂經驗」的話，一定要上 SM 俱樂部挑戰看看。

illustration by 蒼井遊美

激烈SM PLAY

不在乎價錢，專為SM控介紹的激烈SM享樂場所

Play Style

 本番　素人　技巧

戀愛　美人　凌辱

Play Date

♥費用範圍：3～10萬日圓以上　♥玩樂時間：1小時～1天以上

♥自選項目：長期租借、SM濫交外送派對

♥女孩類型：尋求金主的素人M女，美女如雲。

會員限定！高級 SM 俱樂部

　　SM俱樂部是一個狂熱的世界，而在這個社會上其實有不少鮮為人知的激烈SM享樂場所。

　　第一個最具代表性的，就是會員制的高級SM俱樂部。

　　不管是S還是M，一般的SM俱樂部通常只要2～3萬日圓左右就可以入店享樂；但如果是會員制的高級SM俱樂部的話，光是入會費就要花上5～10萬日圓。

　　原因在於會員制的高級SM俱樂部，可以提供激烈程度遠勝一般性服務的特殊玩法。

　　會員制SM俱樂部的會員之間，有時會租借女孩子數天，在自家及別墅舉辦調教派對，或者與數位會員進行輪暴PLAY等規模龐大又重口味的玩法。當然，這種玩法是在女方同意之下進行的，而且除了入會費，會員還要另外支付一筆高額費用給店家以作為等價報酬。

　　如此神祕的SM俱樂部其實自古見於世界各地，因為SM這種行為本身就是「富裕階級的變態樂趣」。當今中國富裕階級增加，所以有不少女孩子會遠赴中國供人玩樂。

　　另外，雖然不能進行重口味的玩法，不過有些會員制的SM俱樂部，卻可以與模特兒等級的美女進行SM PLAY，甚至與現役的模特兒及未來的女演員玩樂。因此手頭若是寬裕，而且又想讓驚為天人的美女凌辱的話，高級SM俱樂部應該會是一個最佳選擇。

M 奴 志 願 者 齊 聚 一 堂 的 SM 交 友 社 團

另外一個堪稱SM控口袋名單的,就是SM交友社團。

一般的SM社團通常是喜愛SM玩法的「同好」齊聚一堂的地方,而SM交友社團則是專門介紹想玩SM遊戲的男女認識的社團,也就是SM版的約會交友風俗店。

這類社團的體系與以前的約會俱樂部類似,也就是先繳入會費,成為會員之後再從女性會員當中挑選喜歡的女孩子,支付介紹費再與對方玩樂。這種社團雖然標榜約會交友,但是裡頭的女性會員幾乎都是為了尋求如同金主的主人而入會的M女,只要看上眼,有時甚至願意成為私人愛奴。不用說,成為愛奴的條件當然包含經濟支援,因此對方必須支付相當的金錢為報酬才行。

這類社團的女性會員雖然是一般素人,但是不少女性卻是因為經濟困苦而侍奉某位主人,以便接受對方經濟援助,而不與非特定的多數男性往來,所以才能成為SM交友社團的會員。

 ## 可 以 納 為 愛 奴 , 配 合 自 己 的 喜 好 加 以 調 教

在SM交友社團中,只要與對方合得來,就能夠長年將其調教成愛奴,這應該算是約會交友風俗店獨有的特色吧。當然也可以更換各種類型的女孩子加以調教,不過每換一次女孩子,就要再另外支付一次介紹費。

費用方面,入會費加介紹費約3～5萬日圓左右,另外還有一筆給女孩子的費用,故第一次可能需要一筆龐大的支出,但是卻可以得到一位專屬的愛奴,因此頗受會員喜愛。

另外,有的女孩子會因此而動了真情,甚至因為愛上對方而不再索取金錢,兩人發展出愛情,甚至踏入禮堂締結連理。如此情況其他風俗業也曾出現,但在SM這個圈子裡,兩人的玩樂方式合拍與否其實是一件非常重要的事,要是合得來,彼此在精神上會比一般戀愛中的情侶還要來得依賴。如此情況,據說有增加的趨勢。

不光是在SM俱樂部這段有限的時間,其他時間也想要一個可以隨時調教的專屬愛奴。對於這種人而言,最好的方法就是到SM交友社團尋找符合自己喜好的女孩子。

人妖養生會館

外表明明是女孩子卻有那話兒？可以遇見偽娘的風俗店

Play Style

本番　素人　技巧

戀愛　美人　凌辱

Play Date

♥費用範圍：1～6萬日圓　♥玩樂時間：40分鐘～2小時以上

♥自選項目：射精、成人玩具、3P、偽娘百合、SM

♥女孩（？）類型：18～20幾歲的人妖、偽娘

 比女孩子還要可愛！？與偽娘來段激情！

意指男扮女裝的「偽娘」這個詞滲透日本社會已經有段時間，而最近在電視、漫畫以及SNS等媒體，無論是二次元還是三次元，也常看到性感又可愛的偽娘或人妖，甚至想要與她們（？）一起玩色情遊戲！這樣的念頭，是否曾經浮現在你的腦子裡呢？

人妖養生會館就是能夠滿足你這個願望的風俗店。誠如其名，為客人提供性服務的接待員，其實就是人妖以及穿上女裝的偽娘。

人妖養生會館通常會將注射女性荷爾蒙，或者是曾經接受豐胸及變性等男變女手術的人稱為人妖。注射女性荷爾蒙可以讓人妖的胸部及臀部隆起，整個體型會變得越來越像女孩子。相反地，沒有接受荷爾蒙治療的男性，以原有的身體直接穿上女裝的人，就稱為女裝子、女裝少年或偽娘。

但是就算有化妝、穿女裝，甚至接受荷爾蒙治療，就生物學來講，這些人依舊是男性。即使這些人的外表與身體看起來像女孩子，身上照樣有小弟弟。從未接觸過她們（？）的男性往往會對其敬而遠之，但是這樣的斷層正是人妖及偽娘的魅力，而且就是因為有小弟弟，才能夠享受人妖獨有的特別玩法。

而讓人體會到從女性風俗娘身上所感受不到的，那種反常又非日常興奮心情的，就是人妖養生會館。

 個個都要小心！如何挑選女孩子

在人妖養生會館挑選接待員時有一點要留意。

刊載在店家官網或雜誌裡的個人資料，通常都會標示有蛋、有竿或皆

有之類的字眼，這指的是對方的小弟弟處於何種狀態。如果只有去除睪丸的話，那就是有竿無蛋；要是已經變性的話，就會標示皆無。偽娘的話當然是有竿有蛋。

為什麼要注意呢？因為有無小弟弟與接待員是否會勃起或射精有密切關係。後述會提到，這一點與人妖養生會館的服務息息相關，因此大家一定要事先確認。

當然，對方是人妖還是偽娘，以及要求的服務是否做得到，這些也是確認的重點喔。

要做什麼？可以做什麼？關於玩法的點點滴滴

就算是人妖養生會館，玩樂的流程與一般以女孩子為對象的養生會館其實相差不大。和接待員聊完天之後，接下來就是淋浴，享受服務。

最大的不同，應該就是玩法吧。基本玩法除了接吻與口交，還有接待員被客人插肛門的肛交。肛交本身是其他風俗店也能夠自選體驗的性服務，人妖養生會館通常也會納入基本玩法之中，讓人能夠輕鬆享樂。

另外，還有玩樂時幫不小心勃起的接待員射精的「逆射精」這種玩法。和女孩子一樣可愛的偽娘，因為按捺不住的快感而糾結的模樣，讓人看了忍不住想要征服，若是能讓對方射精，心中就會有一股成功使其得到高潮的成就感。

只是射精這種事誠如大家所知，並非無窮無盡，絕大多數的店家都會納入自選項目中，因此這一點也要確認。另外，女孩子的身體狀況也要留意，盡量不要勉強對方才是。

這才是醍醐味？嘗試看看逆肛交吧！

此外，還有客人反被接待員陰莖插入的「逆肛交」這種玩法。這才是人妖養生會館特有的玩法，不是嗎？貨真價實的陰莖所擁有的溫熱與柔嫩觸感，豈是女性穿戴的假陽具可以比擬的？

剛開始或許會排斥，但是肛交對男性而言，也是讓人舒爽的性感帶之一。此外，讓宛如女孩子的偽娘觸犯臀部的反常感，不也是略帶M氣質的男性想要嘗試一次的憧憬嗎？只要試過一次，保證大家一定會上癮的。

話雖如此，這種玩法一定要接待員勃起才能夠進行下去，與剛才的逆

illustration by ねぎねぎ納豆

射精PLAY一樣，都要留意對方的身體狀況才行。這是一種有人擅長、有人不擅長的玩法，若是不安，或許可以問問店裡的工作人員，他們會推薦不錯的女孩與你同樂的。

不僅如此！人妖養生會館的樂趣

　　幫接待員吹簫的逆口交，還有彼此替對方品玉的交互口交。只要對方是人妖或偽娘，應當就能夠享受到如此獨特的玩法。

　　其他還有偽娘百合，也就是客人喬裝女性接受性服務的玩法。拋下男性這個身分，化身為女性受人凌辱，又是另外一種前所未有的感覺。

　　能夠體驗到店內只有普通女孩子的養生會館無法提供的服務，應當是人妖養生會館最大的特色。

　　這也是因為此處的接待員在生理上是男性，而且還有小弟弟。所以不管對方是人妖還是偽娘，小弟弟狀態如何就顯得相當重要了。一般來講，未接受任何手術的接待員，勃起與射精能力都會比較強；但如果動過手術，例如有竿無蛋的接待員，那麼他們的小弟弟就會比較不易勃起，而且體型也會比較女性化。

　　因此大家不妨隨著自己的喜好，與這些帶屌的美女享受一段香豔刺激的美好時光吧！

以低廉價格與外國女孩激戰 海外風俗店的魅力

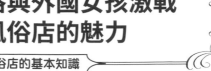
風俗店的基本知識

視本番為理所當然的亞洲風俗店

日本是稱霸世界的風俗大國，放眼望去，幾乎沒有一個國家的風俗店類型比日本還要詳細。

然而除了泡泡浴等一部分的風俗店，日本對於本番這種行為反而管制得相當嚴格，所以店家為了讓客人性趣高漲而絞盡腦汁想出的「風俗多樣化」，才會如此蓬勃發展，以彌補無法進行本番的遺憾。如此情況與成人影片這個世界極為相似，因為在性器上打馬賽克這個規定孕育出更多類型的 AV 作品。

放眼望向世界，不少國家有別於日本，反而會將本番視為風俗店的基本玩法。而當中有些國家甚至還把觀光與性產業，視為支持國家經濟的一大產業。

當中亞洲各國的最大魅力，莫過於夜遊價格簡直低到讓日本相形遜色，甚至讓日本有段時間因為東南亞買春團而引起社會問題，因為這樣的海外風俗店洋溢著日本風俗店欠缺的迷人魅力。

接下來，我們要在這一節為大家介紹在海外風俗店當中，東亞及東南亞等國格外受日本人喜愛的風俗店。

值得推薦的韓國風俗店陪侍女郎

第一個要介紹的是鄰國的韓國。

韓國與日本一樣，都是性產業發展蓬勃的國家。當中最受歡迎的，就是人稱「Escort Agashi」（陪侍女郎）的約會俱樂部，這種風俗店有可愛的「agashi」可以從早陪你玩上半天。費用換算下來約5萬～10萬日圓，價格雖然偏高，但是小姐的姿色可是在水準之上，能夠盡情享受在日本風俗店難以體驗的「美女長伴激情時光」。

另外，韓國也有高級性愛俱樂部。在名為「全套沙龍（Full Salon）」

或「房間沙龍（Room Salon）」的風俗店裡，可以將點檯的小姐帶出場到他處進行本番。因屬高級俱樂部，小姐水準頗高，所以價格也不低，幾乎與陪侍女郎相差無幾。

手頭沒有那麼寬裕的人，不妨到「按摩店」（anma）或「置屋」（妓女戶，okiya）尋歡。

而韓國的按摩店就相當於日本的泡泡浴風俗店，只要1萬日圓的起跳價格就可以享樂，置屋也是一樣。那些傳統的「色情理容院」（提供本番服務的理容院）、以及公寓妓女戶之類的置屋，都是價格特別低廉的尋歡好去處。

韓國雖然是一個反日情感強烈的國家，但對他們的性產業而言，日本觀光客畢竟是顧客，服務上當然是不容有所疏失。

在 KTV 將親日派的台灣美女帶回家

而另一個鄰國中國，在上海這個地方則是以日本人為客層的風俗聖地。可惜的是，上海的風俗店在2017年卻因為全面掃蕩而整個衰退，就現況而言不適合推薦。

若想與華人女孩共度良宵的話，台灣這個地方值得推薦。

台灣從以前就有不少以日本人為客層的風俗店，當中最熱門的就是名為「KTV」的夜總會。這一類的KTV大多集中在「林森北路」這一帶，大家不需四處奔波尋找。

價格方面，帶出場的話「小框」（買3個小時）約3萬日圓起跳。雖說是小框，並不代表打一炮就結束，小姐服務的時間約2～3個小時，所以在這段期間兩人可以共享激情好幾次。

另外，這個地區有些KTV夜總會專門只接待日本客人，不少小姐都會說日語，而且姿色與韓國一樣，都是屬於水準頗高的女孩。但與韓國不同的，台灣一直以來都是以親日聞名，所以只要是日本人，與小姐的歡愉時光絕對遠遠勝過韓國。

雖然台灣還有其他像外約茶之類的風俗店，但就溝通這一點來看，還是建議大家上KTV夜總會，這樣就能夠與水準顯然比日本風俗娘還要勝過好幾倍的小姐，好好享受一段美好時光了。

illustration by 有一九

讓日本人無法自拔的泰國風俗店魅力

　　談完東亞的風俗情況，接下來要聊的是以超低價風俗店為魅力的東南亞。

　　東南亞是知名的夜遊大國，當中深受日本人青睞的就是泰國。

　　以觀光立國的泰國，在日本人海外旅遊排行榜上經常名列前茅，同時也是亞洲屈指可數的風俗大國。

　　不僅如此，泰國風俗店的類別也相當豐富，玩樂的價格比東亞還要便宜，因此有不少日本人會長期待在泰國，到當地的風俗店夜夜笙歌。

　　那麼泰國有什麼樣的風俗店呢？當中最有名的就是「Go-Go Bar」。Go-Go Bar是一邊欣賞身穿泳衣的女孩子，一邊飲酒作樂的地方。在這裡不僅可以觀賞女孩表演豔舞，還可以直接把她們帶出場。行情方面，曼谷市區的話小框約6千至1萬日圓，框全場（大框）的話則約7千5百至1萬5千日圓左右。就算是小框，也能夠享樂2個小時。在這段時間內無論大戰幾回，基本上都OK。

　　下一個要推薦的是「啤酒吧」（Bar Beer）。啤酒吧的店家類型屬於開放式酒吧，客人可以與店裡的女孩喝酒或者是帶出場。價格方面，小框約5千至9千日圓。

　　若要尋找類型較受日本人喜愛的小姐，不妨到Thaniya這個人稱曼谷小東京的「卡拉OK」。Thaniya是一條以日本人為客層的酒店街，而這裡的卡拉OK，就是類似可以把小姐帶出場的夜總會。因為是以日本人為客層，不少小姐懂日語。價格方面，不含飲食的話約7千5百至1萬5千日圓，至於小姐姿色方面水準頗高。

　　另外，還有「Massage Parlor（也就是日本的泡泡浴）」、「置屋」、「約會交友咖啡廳」、「Lady Boy控（人妖風俗店）」等類型琳瑯滿目的風俗店。不管是哪一種，以日本可以進行本番的風俗店來講，價位上真的是相當便宜。不僅如此，泰國的風俗店還可以討價還價，只要時間夠晚，就能夠以比開價還要低廉的價格享受魚水之歡。

　　若是稍微拉長腳程到芭達雅（Pattaya）這一帶的話，行情價可是低得驚人呢。知道得越多就越能享受夜生活的樂趣，正是泰國一直深受日本男性喜愛的理由。

美女雖多，治安卻差的菲律賓

菲律賓在東南亞也是深受大家喜愛的夜遊大國。

以歷史上來看，菲律賓有不少女孩子是二分之一或四分之一的混血兒，在東南亞當中，以美女如雲而聞名。過去日本也有不少熱門的菲律賓酒吧，但是到了當地，才發現這裡根本就是佳麗眾多的寶庫。

菲律賓與泰國非常相似，有卡拉OK（KTV）、Go-Go Bar、置屋之類的夜遊景點，不過整體行情會比泰國稍高。

雖然是美女大國，不過菲律賓的首都馬尼拉治安卻比泰國曼谷還要差，因此在當地發生糾紛的情況往往比泰國多，所以去夜遊的時候要特別小心留意。

像是戀愛般與女孩子本番的海外風俗店

前文已經帶大家認識了東亞與東南亞的風俗店，而其與日本最大的差異，並非只是「可以進行本番的風俗店多」這一點，還有「可以慢慢與女孩子談情說愛」。

在日本的鬆一下風俗店工作的小姐，通常會在客人「射後就不理」，說得難聽一點，很多女孩子都是公事公辦；但如果是海外風俗店的話，「陪伴客人直到對方滿意為止」是基本的服務態度。因此就算是短短只有2～3個小時的小框，照樣能讓客人滿意而歸，而且只要在多花個幾千日圓，就能夠享受徹夜共度良宵的大框方案。

特別是東南亞的風俗店只要與女孩子關係好，不去店裡直接在外碰面根本就是常有的事。換句話說，風俗店的小姐就像是可以在當地私下見面的小老婆。

在這種情況之下，上床的價格當然會更便宜，而且在當地停留的這段期間，小姐還會一直陪伴在旁。尤其是泰國的女孩子用情頗深，如此情況根本就是層出不窮。

對於除了上床，還想跟女孩子談個戀愛的人而言，東南亞的風俗店真的是值得大力推薦。當然，「只想解決生理問題的人」也能樂在其中。在南國的海灘上一邊悠哉地與女孩子度假，一邊隨心所欲地做愛做的事，這種如癡如夢的體驗，正是海外風俗的迷人之處。

日本風俗店極樂巡禮手冊

Lesson .3

風俗店之
實踐篇

Base knowledge of the Brothel.

實際前往風俗店時
不可不知的
實用享樂技巧

挑選店家

想 盡 享 風 俗 店 樂 趣 ， 重 點 在 該 挑 選 哪 種 店 ！

 店 家 官 網 是 重 要 的 資 訊 來 源

　　參考第2章，決定想要享樂的風俗店之後，接下來要做的事就是挑選店家。就讓我們先從一般的風俗店開始，至於站壁仔或鬆一下這個部分，將會在後半部繼續解說。

　　前文已經提到，有店鋪的風俗店會根據營業型態劃分等級，從高級店到超低價店都有。堅持非絕世美女不可的人建議選擇高級店，不過口袋要夠深才行。因此首先就讓我們摸摸口袋，看看自己能夠拿出多少預算，然後再來決定想要尋歡享樂的店家等級。

　　這個時候搜集資料最方便的地方就是網路。尤其是店家在官網上公開的訊息（如果是正派的風俗店），可信度通常都非常高，事前一定要詳細閱讀。

　　而在確認小姐之前，要先看的就是店家的「費用與制度」。因為除了費用，官網上通常還會寫著什麼樣的玩法可以接受，什麼樣的玩法不接受，關於禁止事項都會明文規定，有些店家甚至還會定下自己的規則。若是違反這些禁止事項，就會引起紛爭。而好不容易上這麼一次風俗店，恐怕會因此留下慘痛的經驗。所以在上風俗店之前，店家資訊一定要好好掌握至某個程度才行。

　　另外，店家有時會在官網上提供折價券，讓尋芳客可以事先得到實惠划算的資訊。

　　從官網上還可得知當天上班的小姐。大家可以先查詢「在籍表」與「班表」，搜尋一下想去風俗店的那一天，店裡有什麼樣的女孩子。但要記住的是，有時小姐當天會改班表。而最保險的作法，就是提前幾天向店家預約。至於詳細的方法請參照「預約方法」（P098）。

　　官網上有時也會上傳介紹玩法的影片，以及店內在籍小姐的部落格。想要掌握與玩法內容有關的正確資訊，或者是店裡頭有什麼樣的小姐在籍

的話，這類資訊千萬不要漏看。

　　挑選小姐時部落格是最重要的一環，因為透過文章可以了解對方的個性至某個程度，而更須留意的是用手機上傳的照片。簡介上的照片往往會修圖修到變成另外一個人，但如果是用手機上傳的照片，照片中的臉反而比較貼近本人真實的模樣。另外，最近也有不少店家會上傳影片，這麼做的好處就是可以讓客人看到，小姐沒有用app修改過的長相與體型，同時還可以聽到她們的聲音。

　　不過上網看這些網頁的時候最好是一個人，不然要是被人發現你在公共場所用智慧型手機看這些網頁的話，心中恐怕會留下丟臉的回憶。

入 口 網 站 與 留 言 板 也 要 上 去 看 看 ！

　　挑選風俗店時，網路的風俗店入口網站及風俗店專屬的留言板，也是非常實用的資料來源。

　　大型的風俗店入口網站，通常會網羅各個區域的店家以及小姐的相關資訊，在想要從眾多風俗店中尋找符合自己喜好的店家時非常方便。加上店家更新內容的次數又勤，還能讓人搶先一步確認新人的入店資訊。

　　幾乎所有風俗店的入口網站，都能根據預算以及地區搜尋店家。另外，有些還可以輸入小姐的身高及三圍等條件來搜尋喜歡的類型，大家可要善加利用喔！

　　若是想要更安心地到風俗店尋歡，那麼不妨上風俗留言板看看。這裡刊登了實際上風俗店的客人感想，可以從中得知與小姐及店家有關的具體評價。

　　順帶一提的是，若是看到滿是稱讚的留言，這極有可能是店裡的人自己寫的，此時就要留意了。因為不管是什麼樣的店，既然會有成功，就一定會有失敗的經驗。

隨 著 地 區 而 改 變 的 風 俗 店 特 徵

　　泡泡浴與養生會館之類的風俗店，通常會有地區差異。例如神奈川縣川崎市的泡泡浴風俗店密集區「堀之內」，這個地方3萬日圓起跳的高級店比比皆是。另一方面，兵庫縣福原這個地區以1萬日圓起跳的破盤價，提供與年輕女孩子享樂機會的店家，則是在這裡形成了一條泡泡浴街。不

過福原這個地方的泡泡浴，通常會省略重口味的墊子玩法，想要享受泡泡浴特有的性愛遊戲的人，則不適合到此尋歡。

如此知名的風俗街往往各具特色，大家不妨仔細調查，事先做足功課再登門拜訪。

想要得到這樣的資訊，最簡單的方法就是參考風俗留言板或個人的部落格。但是在參考個人部落格的時候，部落格主的文章若是一味稱讚店家的話，對方極有可能是聯盟會員（Affiliate），故要留意。

至於站壁仔及鬆一下因為幾乎沒有網頁，只能靠口耳相傳的方式得到相關資訊了。

尤其是站壁仔連遇不遇的到都是一個問題。就現實而言，只能算是適合進階者的玩法。

另一方面，鬆一下有幾個鼎鼎大名的地區，像是大阪府的飛田新地與兵庫縣的Kannami新地就是其中的代表。這些鬆一下街通常都禁止拍攝，就算上網搜尋資料，也無法得知這裡究竟有什麼樣的小姐。不過根據本研究會實地調查的結果發現，雖說人各有所好，但是這裡的小姐姿色水準相當高，幾乎是偶像等級。只是她們有自己的一套規則，尋歡時必須在當地多加觀察才行。

像這樣在旅行或出差前，事先調查好地區差異，到了當地之後再去上風俗店，其實也別有一番風情。若是能夠體驗到當地特有的方言及玩法的話，說不定還能讓人感受到日本花街柳巷的深奧之處呢。

挑選店家是上風俗店的基本原則，但是有一點要特別留意，那就是事事未必會盡如人意。除非有特殊情況發生，否則我們還是儘量避免客訴，機靈開心地享受溫柔鄉的樂趣吧。

找到適合自己的風俗店之

官網內容確認表

　　在瀏覽店家官網時，大家不妨參考下列項目好好確認。網頁整體設計的感覺固然重要，不過確認的重點在於店家更新資訊的次數是否夠頻繁。如果店家只有更新小姐的班表，部落格等其他部分卻幾乎一成不變的話，那就代表這家店有問題。

　　另外，聯絡電話如果是手機號碼的話也是高風險。

主要的CHECK項目

☐ 費用內容明確詳細

☐ 延長費與取消費一清二楚

☐ 明言規定禁止事項

☐ 刊載小姐的照片

☐ 可以閱覽小姐的部落格

☐ 玩法說明淺顯易懂

☐ 清楚刊載自選項目之有無

☐ 可以找到店家及工作人員的留言

☐ 提供折價券

☐ 網頁設計時髦好看

☐ 官網內容勤於更新

☐ 刊載的電話號碼不是手機號碼

看板照片怎麼看

注意誇張的「照騙風俗店」，調查周邊資訊！

善用最新參考標準的「出勤手機傳照」！

大家聽過「照騙風俗店」嗎？這個詞的原文是「panel magic」。所謂的「照騙」（panel），是指在風俗店工作的小姐為了讓客人點檯，特地用 PhotoShop 等圖像加工軟體大幅修改大頭照，但是實際上場的小姐卻與看板照片中的女孩似像非像的現象（？）。而可以在網路上瀏覽的小姐照片，情況也是一樣。

在這種情況之下要請大家留意的是「出勤手機傳照」。最近有不少小姐會用手機在店家官網上傳出勤前後的照片。出勤手機傳照與個人資料的照片或者是店內的看板照片不同，是小姐用自己的手機上傳的照片，未經修圖，所以可以直接確認小姐的真實長相。另外，出勤手機傳照的好處，就是可以從連同手機傳照一起上傳的文章稍微了解這位小姐的個性。

除此之外，最近有不少風俗店也會上傳店內小姐的影片。除了本人的真實面目與身材，還可以聽到對方的聲音。這些在點檯之前都要事先確認。

挑選小姐時的另外一個訣竅，就是若有看上眼的小姐，就不要在意費用與等待時間，這一點很重要。其實不只是風俗店，其他行業提供的服務與商品也是一樣，價格這麼高都是有理由的。對於點檯費或其他額外費用斤斤計較，是不會遇到好小姐的。既然都下定決心尋歡了，就要做好砸錢的心理準備，這樣得到的結果才能讓人性滿意足。

另外，常去某一家風俗店也會帶來不錯的效果，畢竟店家是不會隨便讓常客跑掉的。只要與店裡的工作人員熟識，親切以對的話，遇到好小姐的機率就會跟著提高。

★れいら(21)
T153 B95(H) W62 H88

★優梨愛(22)
T160 B85(D) W58 H83

★あいな(20)
T154 B91(F) W57 H85

★果歩(20)
T158 B88(D) W59 H87

★りんか(21)
T159 B86(E) W62 H86

★ここあ(20)
T152 B85(C) W58 H82

★はるな(22)

★REIA(23)

★みさき(21)

illustration by 蒼井遊美

如何預約風俗店

不 管 是 網 路 還 是 電 話 ， 預 約 時 都 不 需 要 報 上 本 名

 當 天 取 消 會 引 起 糾 紛 ！

　　當日直接上風俗店雖然可以隨心享樂，但若打算與中意的小姐玩樂的話，事先預約反而可以讓自己擁有一個更加美好的風俗體驗。

　　預約的方法以電話或網路為主。以前打電話預約時，好處就是可以從工作人員口中得到許多資訊，不過最近店家官網的資訊其實非常充實，就算上網預約也不會有問題。不擅長講電話的人就網路預約，要是有不清楚的地方就打電話問清楚，大家可以根據自己目的來選擇預約方法。這兩種方式從預約到玩樂的流程如同右頁。這只是一個大概的流程，接下來就讓我們稍微補充說明吧。

　　首先是網路預約。特別是在填寫預約表格的時候，並不需要填入本名，可是一看顯然就是網路暱稱的話，有時反而會遭到店家拒絕，因為他們無法判斷預約的是不是本人。若是故意惡作劇，就會讓已經排班的小姐無事可做，這樣反而會對店家造成損失，所以店家當天通常會打電話確認預約情況，這一點大家一定要好好牢記在心。就算是電話預約，情況也是一樣。若是借用朋友的名字，填了一個常見的名字，那麼在回答問題的時候就要稍微設想一下，看要怎麼回覆了。

　　當天取消的話有時會被收取費用，若是以為反正自己不會被抓到而一直逃避的話，日後可能會被捲入意想不到的麻煩之中。為了避免這種糾紛出現，大家一定要事先好好確認取消的費用以及期限。

●●●預約流程表●●●

使用網路預約的時候

點擊店家的網址進入網站

↓

第一次預約的人先在網站確認店家規則

↓

確認店家的制度（方案之類）與費用

↓

決定要不要點檯

↓

填寫預約表格

↓

填入希望的方案、女孩子、自選項目、時間等所有資訊

↓

前往享樂……

使用電話預約的時候

打電話給風俗店

↓

第一次預約的人要先聽工作人員的說明

↓

外約茶也要告知地點

↓

決定要不要點檯

↓

指名要點的女孩子

↓

決定方案

↓

若有想玩的自選項目可以此時告知

↓

前往享樂……

Lesson.3 | 風俗店之實踐篇

男性的服裝儀容

從打扮到口臭、指甲都好好整理，抱著愉悅心情盡情享樂吧！

 香水太濃反而會導致反效果！

既然都要上風俗店了，當然會想要從小姐身上得到最好的服務。因此，身為尋芳客的我們，也要好好整理一下自己的服裝儀容。

因為小姐是在工作，所以當然就不會露出厭惡的表情。話雖如此，但在面對乾淨整潔、印象良好的客人、以及與此相反的客人時，她們的應對也會有所不同。無論如何，第一印象很重要。

至於服裝，則不須太過拘束。與其挑選格調高雅的知名品牌，不如選擇輕鬆舒適的服裝。如果是剛下班的話，穿西裝也沒關係。乾淨俐落、清爽舒適的打扮，反而會在小姐心中留下一個好印象。另外，全身吊兒郎當地戴滿飾品也會讓人敬而遠之，因此上風俗店的時候，沒有什麼壓迫感、非常普通的裝扮就可以了。以下是一些簡單的打扮實例，大家不妨參考看看。

（受人喜歡的服裝範例）
· 裝扮端正的西裝
· 襯衫＋牛仔褲＋球鞋
· 飾品儘量少戴
· 襪子沒有破洞

因為兩人會肌膚相親，所以在體臭及口臭上要特別留意。泡泡浴與養生會館在玩樂之前雖然會先淋浴，但是這個時候身體氣味若是太重，恐怕會讓對方在生理上產生厭惡感。下班回家路上等情況雖然沒有辦法，不過腋下、脖子以及胸口等汗腺發達的部位，往往是汗臭味的來源，因此建議大家在上風俗店之前，最好先沖個澡。

而意外容易忽略的地方是陰囊、肛門夾縫以及大腿根部這些部位。男

性性器就算清洗地香噴噴，但是上述這些部位若是散發出氣味的話，口交過後繼續進行熱吻服務的後果恐怕會令人難以承受。

可以的話，建議大家出門前先沖個澡、刷個牙。在享樂之前若是能夠來一片消除口臭、讓口氣更清新的口含錠會更棒。

不過令人意外的是討厭對方噴香水這件事，就算自己覺得味道很香，但是在身體需要親密接觸玩樂的風俗店中，這樣的氣味反而會太濃。最近的女孩子比較喜歡自然一點的香味。要是拼命地在身上噴灑高級香水的話，有時反而會讓人敬而遠之，故要多加留意。

在此建議大家使用的是止汗噴霧劑，而且最好是氣味較淡的款式。要記住，體臭往往是引起他人厭惡的原因。

而需要多加留意的還有指甲與鬍子。女孩子的身體是很嬌嫩的，一個不小心就會刮傷，因此指甲要先剪短，但是儘量在前一天剪，不要當天剪，畢竟剛剪好的指甲還很銳利。所以我們要在前一晚把指甲剪得稍微深一些，然後再用銼刀磨一下。過了一個晚上之後，剪過的痕跡就會變得比較滑順，如此一來就能夠減少把女孩子弄傷的風險了。指交或愛撫的時候，女孩子最討厭被對方弄傷陰道內部或皮膚。因此當我們上風俗店尋歡的時候，留意這樣的細節反而會比重視性愛技巧還要來得重要。

滿臉鬍鬚的話，接吻、全身熱吻或者是舔陰的時候，會不慎把小姐的皮膚或黏膜給刮傷，尤其是剛長出來的鬍渣，更是硬得讓人覺得非常討厭。因此當我們在出門之前，沖澡時就順便把鬍子刮乾淨吧。

一個人不管長得有多帥，若是因為上述這幾點而犯下錯誤的話，被女孩子討厭的風險就會跟著提高。相反地，若是能夠好好遵守的話，就能夠在對方心目中留下良好的第一印象。

第一印象讓人感覺不好，小姐就會提不起勁，動不動就會想要趕快結束。話雖如此，只要時間還沒到，她們還是會好好服侍你的。只是我們要是能夠多用心的話，兩人心中一定會留下一段美好的風俗體驗的。

換小姐（切檯）

讓 所 有 人 心 情 都 不 好 的 切 檯 所 帶 來 的 不 良 影 響

 避 免 切 檯 的 對 策

所謂切檯，是指實際在店內遇見的小姐——外約茶之類的派遣型風俗的話，就是前往家中或飯店的小姐——不符合自己的喜好時，要求換另外一個小姐的制度。

切檯有時可行，有時不可行。像是店鋪型的養生會館，因為可以在櫃檯看照片來挑小姐，所以這種情況通常會不允許切檯。

外約茶的話有時可以切檯，不過有的店家會要求加錢。另外，胖子控等類別比較狂熱的風俗店，通常也不能讓客人切檯。

無論如何，當我們在預約時，這個部分最好事先調查清楚，這樣才會比較保險。

切檯這種事對店家以及小姐而言，都是不樂見的情況。不用說，這麼做當然會徒增費用。雖然是工作，但是對小姐而言，被客人切檯心情當然也會不好。

不過就算可以切檯，有些客人反而會不好意思說出口，因為這麼做會對陪伴的小姐感到不好意思。

就某個層面而言，這樣的舉動算貼心，但是既然都付了錢，得不到一個滿意的結果豈不令人傷心？

因此不管是客人還是店家，彼此都要儘量避免切檯這種事情發生。

那麼要怎麼做才能夠避免切檯呢？官網上的照片絕大多數都會打上馬賽克，根本就看不清楚小姐實際長什麼樣。所以說，對於小姐的容貌非常在意的話，最好的方法就是電話預約，並且詳細告訴工作人員自己喜歡的類型。假設你是一個喜歡巨乳的人，若只是告訴對方「想要找巨乳女孩」的話，對方有可能會幫你找一個全身稍偏豐腴的小姐，而不是一個胸部豐滿的女孩。因此這個時候一定要準確地告訴對方自己的喜好，例如「我想找一個身材苗條，但是胸部豐滿的小姐」。

相反地，如果是「想找一個肉一點的小姐」，那麼這個肉一點是稍微豐滿一點呢？還是胖一點的小姐也可以接受呢？坦白說，清楚劃分並不容易。

　　為了遇到中意的小姐，向店家詳細說明其實對彼此都有好處。話雖如此，來的未必一定是理想中的女孩。在這種情況之下，先試著接受好不容易前來陪伴的小姐，也是成為風俗玩樂達人一件非常重要的事。就算對方的容貌不是自己喜歡的類型，但在對方用心服務、玩樂前後的交談之中，印象說不定會因此而整個改變。即便是風俗店，先試著接觸各種女性，之後再從中認真找尋自己喜歡的類型其實是很重要的。

 ### 可 愛 的 小 姐 服 務 態 度 差 ！?

　　有人說長得美的風俗娘，會仗著自己姿色不錯，所以個性差、服務態度也不好。這種說法雖然不能說是完全正確，但也說中了一部分。

　　雖然可愛但是服務態度不佳的小姐，就算因為客人看照片而被點檯的機會多，但是再次被指名點檯的機會卻非常少。因此我們要注意的是認真在部落格上回應，以及上班天數多、NG玩法少的小姐，因為從這些地方通常可以看出她們是否具備了風俗娘的專業意識。

如何與女孩子溝通

為 了 提 高 彼 此 的 信 賴 不 可 不 知 的 事

 ## 最大的前提是「對方是否令人安心」

風俗娘求的東西究竟是什麼？若說是為了錢，那就顯得得不償失。就算是風俗娘，在進行玩樂時畢竟是一個普通的女孩子。因此我們要記住一點，那就是大家都想讓彼此的心情感到舒暢。

但若只是把風俗店當作是一個射精的地方，那麼尋歡的樂趣就會減半。在可以與初次見面的女孩子翻雲覆雨這個前提之下，如何提高彼此的性趣並且樂在其中，就顯得相當重要的。身為一個男性往往會把重點放在「巨鵰」或者是「用驚人的性技讓女孩達到高潮」上，其實對方並不是這麼想，因為有的小姐會因為客人的那話兒太大而感到疼痛，至於那些自以為是的性愛技巧，更是只會讓對方不得不假裝高潮。

風俗店的小姐在玩樂的時候，最想從客人身上得到的是一份「安心感」。而要讓小姐感到安心，自己本身就要先信任小姐。只要對她們付出一點點關心，就能夠讓彼此的情慾高漲亢奮。

例如幫小姐指交的時候。當手指伸進去準備開始抽插時，如果能夠輕輕在耳邊告訴對方「痛的話說一聲」，這樣小姐就會安心，痛的時候也比較容易明言相告，甚至認真體會歡愉的感受。

激情過後的應對也很重要，千萬不要想說射了就好，記得要輕輕地抱住小姐，對她說「謝謝妳。剛剛真的很舒服喔」。如此一來到離去的最後一刻，兩人之間就有可能一直維持著濃濃的調情氣氛。

風俗店是從踏進門一直到走出店外這段期間，分分秒秒都能夠樂在其中的地方。這一點大家一定要牢記在心。

 ## 對方打招呼要好好回應！

終於要與期望已久的小姐碰面了。小姐一踏進門，第一件事絕對是打招呼與自我介紹。

illustration by 蒼井遊美

這些在風俗店工作的女孩子不管有多熟練，對方畢竟是初次見面的男性，難免會緊張。照理說，打招呼應該是最為忐忑不安的一刻，因為第一印象通常會取決於我們打招呼的方式。而最重要的一點，就是打完招呼之後對方做出的第一個反應。「○○先生，您好。今天還請您多多指教。」

首先就讓我們根據上述的招呼回覆對方吧。畢竟態度太過親切的話，有時反而會讓對方覺得有點煩，但是語無倫次的話又會讓人擔心「這個人，沒問題吧」。

條理清晰，口吻親切，態度和善。只要這麼做，就能夠在對方心目中留下「這個人應該還滿好聊」的好印象。

關鍵在於對方在自我介紹報上名字時要立刻有所回應。就算是小姐的花名，那也是象徵對方存在的一個記號。打招呼的時候只要順便喊出對方的名字，小姐就會不知不覺地在心中得到一股自我認可的滿足感。

 ## 把對方當成喜歡的女孩子！

實際採訪在風俗店工作的女孩子時，有些人提到她們私下的性經驗其實很少，也有人是因為家庭因素才在這裡上班。這樣的女孩子對於「世人怎麼看待她們」非常敏感，只要對方脫口說出稍微鄙視她們的話，對你的信賴就會明顯降低。

因此，就讓我們先喜歡上小姐。要把眼前的這位女孩當成自己「喜歡的人」而不是「風俗娘」，如此一來就能自然而然地脫口說出讓女孩子安心的話了。

想要營造出調情的氣氛，就不能缺少對女孩子的那顆體貼的心。話雖如此，既然兩人都是第一次見面，地雷在哪根本就不知道。因此，我們將在下文為大家整理出幾個非記不可的重點。

 ## 聊天時要避開的話題

●避談私人話題

在風俗店工作的女孩子背後通常都有不為人知的苦衷。就算此時此刻兩人裸身相擁，並不代表對方就能夠坦承一切。當中最大的禁忌，莫過於脫口問對方「妳為什麼要在這樣的地方工作」。坦白說，這個問題根本就是在讓女孩子以為你瞧不起她是個「風俗娘」，而對方也會覺得「我為什

illustration by 蒼井遊美

麼要回答你這樣的問題」。

●切勿說教

　　不光是風俗娘，應該沒有人會喜歡聊說教之類的話題吧。要是因為在風俗店工作這件事而指責女孩子的話，極有可能會被對方貼上「點檯NG（無法再指名那位小姐）」這張標籤。

●不隨便吐露自己的煩惱或身世

　　沒有一個女孩子會想要聆聽初次見面的男性心中有何煩惱，所以就讓我們先把心思在溝通交流上吧。

 搖 動 女 人 心 、 讓 人 心 情 愉 悅 的 讚 美 之 談

　　絕大多數的風俗店在進入玩樂之前，通常都會有段閒聊時間。這段時間格外重要，因為接下來的玩樂能蘊釀出多少調情氣氛，全看此時的交談印象。

　　想要與風俗娘聊得開心，那就應該試著找出對方的優點加以稱讚，但不要只是用「好可愛喔」、「妳好漂亮喔」這種敷衍的字眼，而是要盡量以具體易懂的方式來讚美。

　　例如女孩子的指甲與首飾。這是最容易展現個人愛好與品味的地方。「妳的指甲好可愛喔。是在哪裡做的呢？」、「這個耳環非常適合○○小姐可愛的臉蛋喔」，讚美對方時內容若是能夠具體一點，對方就會覺得自己的品味與愛好深得認同，如此一來定能打動女孩子的心。

　　服裝也能展現一個人的品味與嗜好，不過風月沙龍的小姐大多會穿上店家準備的服裝，而外約茶或泡泡浴的小姐，又幾乎是身穿不是那麼時髦的便服，所以打扮時尚華麗的女孩子並不常見。這份工作要四處移動，還要在店裡待機一整天，因此她們通常都會穿著比較舒適的衣服。在這種情況之下稱讚她們的服裝，有時反而會導致反效果。本想要讚美，但是卻讓對方認為「原來你只是隨口講講而已呀」，這豈不是毫無任何意義可言？

　　讚美對方時一旦掌握到打開話匣子的契機，接下來就可以問問女孩子的興趣，繼續擴展話題。營造一個讓女孩子想要主動聊天的氣氛，是件很重要的事，這可是個等級頗高的技巧。

首先讓我們掌握「點頭附和」、「好好回覆與該話題有關的內容」吧。

不只是風俗娘，女孩子往往會信任善於聆聽的男性，而且還非常容易在心中留下「認真傾聽的人＝誠實的人」之類的印象。

 無 需 隱 藏 自 己 的 性 癖 好 ！

或許有人會煩惱自己的性癖好在初次見面的女孩子面前，應該暴露到什麼程度才好。甚至常見有人後悔地說：「其實我想要她這麼做的……。」

風月沙龍的玩法雖然有限，但如果是養生會館或泡泡浴（床上PLAY）的話，自由度就會大幅增加。

心中若有想要嘗試的玩法，那就不要猶豫，直接告訴女孩子。與那些害羞到什麼要求都不敢明講客人相比，能夠直截了當地說出心中慾望的客人，反而比較容易讓她們掌握折磨凌辱與被折磨凌辱的方法，進而選出適合客人的玩法，甚至樂於配合你的喜好。

不過，超過店家服務範圍的變態玩法是不會被接受的。就前提而言，店家通常都會禁止客人做出令女孩子厭惡的行為，因此大家在提出要求時，要盡量遵守店家的遊戲規則喔。

與女孩子聊天的流程表

一 看 就 知 道 要 進 行 什 麼 樣 的 話 題 與 聊 天 內 容 ！

 ## 掌 握 重 點 ， 認 識 對 方 ！

根據前幾頁的內容，大家應該已經了解到在風俗店工作的女孩子心裡頭的想法，以及對於客人有何要求了。

本項目大家可以視為是實踐篇，也就是以實際的流程圖來解說會話的進行方式。關鍵在於讓女孩子稍微敞開心扉，互相了解彼此的個性。時間方面大約需要5分鐘，但是只要聊得來，就足以改變彼此的印象。

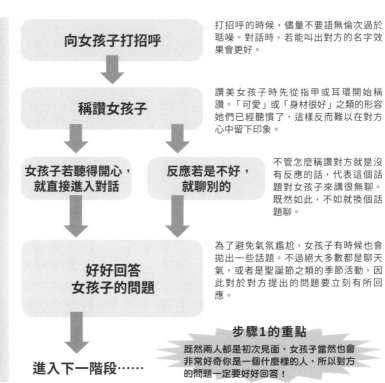

步驟1：主動多聊一些，讓對方放心

向女孩子打招呼

打招呼的時候，儘量不要語無倫次過於聒噪。對話時，若能叫出對方的名字效果會更好。

稱讚女孩子

讚美女孩子時先從指甲或耳環開始稱讚。「可愛」或「身材很好」之類的形容她們已經聽慣了，這樣反而難以在對方心中留下印象。

女孩子若聽得開心，就直接進入對話

反應若是不好，就聊別的

不管怎麼稱讚對方就是沒有反應的話，代表這個話題對女孩子來講很無聊。既然如此，不如就換個話題聊。

好好回答女孩子的問題

為了避免氣氛尷尬，女孩子有時候也會拋出一些話題。不過絕大多數都是聊天氣，或者是聖誕節之類的季節活動，因此對於對方提出的問題要立刻有所回應。

進入下一階段……

步驟1的重點
既然兩人都是初次見面，女孩子當然也會非常好奇你是一個什麼樣的人，所以對方的問題一定要好好回答！

Lesson.3 風俗店之實踐篇

將話題轉到女孩子身上

女孩子若是不想成為話題，那就聊一聊「喜歡的藝人」之類的典型話題。當我們在聊自己喜歡的藝人時，兩個人反而會因此聊開。

反應不錯的話，就直接進入對話

女孩子反應不好時，不妨告知自己是入門者，並且對方引導對話

女孩子反應差的時候，只要告訴對方自己「很緊張」，對方就會幫忙引導對話。

問女孩子一些問題

絕對NG的問題就是「有沒有交往的人？」之類的私人話題。不過「妳是S還是M？」等稍微有點色情的話題效果反而會不錯

步驟2的重點
女孩子說話時不要脫口說出否定的字眼。就算意見有點不合，也要先認同對方的看法。

對女孩子的話有共鳴

取悅女孩子

有了共鳴，對方就會敞開心胸、笑容滿面，根本就不需要刻意逗對方笑，但要注意，不要破壞了話題的脈絡。

向女孩子展現誠意

聊了一段時間之後，女孩子就會準備進入玩樂時間。此時不妨微笑地說「那就麻煩妳了」，這樣心中的誠意會更容易讓對方知道。

開始讓彼此的心情更加亢奮的玩法

步驟3的重點
只要簡單聊一聊，就能夠明白彼此的個性。就算不擅長開玩笑，只要了解得夠深入，就能夠讓對方更加地放心。

與女孩子聊天時需要注意的地方！

聊天的時候盡量選擇普通又淺顯易懂的話題。不管你的內心有多好奇，絕對不可以問對方到風俗店工作的理由。只要明白她們應該是有苦衷就好了。

OK的話題
・關於興趣
・美食、好酒
・推薦的景點
・音樂、電視節目等

危險的話題
・政治及宗教
・成為風俗娘的理由
・聊天時態度高高在上
・強人所難

與風俗業有關的
性傳染病及違禁藥品

不管是性傳染病還是逮捕，都是非常罕見的情況

　　風俗業的風險主要有「性傳染病」與「非法」這兩種。首先要談的是性傳染病。2008年，日本性感染症學會在針對淋病及衣原體感染率這個主題進行調查時，曾經發表出風俗娘平均每5人就會有1人的喉嚨感染到淋病或衣原體，陰道的話則是每3人就有1人會被感染的結果。以一般女性的帶原率來講，20歲出頭這個年齡層的人，平均每16人就有1人被感染。因此風俗業的性傳染症帶原率偏高是不可否認的事實。

　　但是與一般女性相比，感染風險高的風俗娘，幾乎都會定期接受性傳染病檢查。有些風俗店會把這項檢查列入義務之中，如果是高級泡泡浴風俗店的話，檢查的次數會更頻繁。因此風俗娘對於性傳染病不僅知識豐富，而且還經常採取對策。因為自己要是染上性病，那就不能上班，更何況有哪個風俗娘會想要生病呢？

　　相對地，完全沒有接受性傳染病檢查的一般女性，往往會不知不覺地把性病傳染給別人，這種情況不是反而更危險嗎？可見帶原率高，並不代表感染風險也高。

　　不僅如此，風俗娘會利用性器及嘴巴來提供服務，所以在護理黏膜這個部分往往是有過之而無不及。

　　例如外約茶的小姐幾乎都會攜帶私處專用的消毒液與沐浴乳。一般女性在做愛之前，鮮少會用私處專用的消毒液，但不少人會用飯店裡的沐浴乳，簡單清洗一下私處表面。相較之下，外約茶小姐在玩樂前後會各洗一次，連陰道口與周圍的陰唇也會仔細地殺完菌之後，再用沐浴乳沖洗乾淨。

　　可見風俗娘在護理風險上其實是相當謹慎的。

　　接著，要談談因為風俗店遭到取締時而被逮捕的風險。電視上常見特種行業遭到取締的新聞，不過這時候被逮捕的幾乎都是經營者。那麼尋芳

客究竟會不會被抓走呢？

　　首先要告訴大家的是，尋芳客幾乎不會被逮捕。但是，（以店鋪型為例）店家遭到取締時，我們若是人在店裡的話，極有可能會遭到任意審問，而審判時以證人身分遭到傳喚的情況也非常少見。

　　另外，風俗店遭到取締時，偶爾會因為適用的法律不同而被逮捕。接下來就讓我們介紹一下這些法律吧。

●風營法

　　沒有取得特種營業許可就擅自提供性服務的店家會處以罰則。這是日本的風俗店在遭到取締時，適用範圍最為廣泛的法律，會針對店家規定罰則，但是客人幾乎不會遭到逮捕。

●賣春防止法

　　在進行所謂的賣春行為（本番）時適用的法律。處以罰則的對象主要是女性，但有時會根據賣春的方法連同客人一起逮捕。

●兒童買春、兒童色情禁止法

　　在明知對方未滿18歲的情況之下，進行買春行為時適用的法律。違法時遭到逮捕的可能性相當高。不過抵觸這條法律的店家是標準的「違法風俗店」，一般來講幾乎是看不到。

　　另外，在濫交酒吧等場合讓他人觀看性行為，極有可能會觸犯公然猥褻罪，不過這種情況非常罕見。若是在一般風俗店尋歡的話，照理說應該是不會被抓。

成為一個討人喜歡的客人吧

對於在風俗店工作的女孩子先拋下偏見很重要！

將目標放在「不討厭」而不是「喜歡」

想要成為一個討人喜歡的客人，最重要的就是不要逼自己「讓女孩子喜歡你」。就算是一般的女孩子，想要達到「喜歡」這個程度，也是要多見幾次面，花上一些時間培養感情才行，更何況風俗店的女孩子是在工作。倘若對方是一個公私分明的人，不管你有多帥，女孩子也未必會「喜歡」你的。

因此男性應該將目標放在不讓女孩子「討厭」這個等級的印象。而「服裝儀容」（P100）及「與女孩子溝通」（P104），可說是達到這個目標的基本條件。

而另外要補充的一點，就是要先拋下對在風俗店工作的女孩子所持有的偏見。心裡頭若是想著「反正在風俗店上班的人都是婊子」的話，這樣的想法反而會表現在態度上，這樣恐怕會在女孩子心目中留下一個不良印象。

不可否認的是，風俗娘的性經驗次數，確實比一般女性還要來的豐富。但是工作結束之後，她們也只不過是普通的女孩子。更何況有的女孩子並不是一天到晚都滿腦子性慾，她們只不過是為了五斗米而在風俗店工作罷了。

據說某家風俗店的女孩子私下的性經驗人數平均為4人左右。順帶一提的是，一般20幾歲的女孩子平均的性經驗人數大約是6人，可見風俗娘與一般女性原本就是相差無幾。另外，據說近年來在風俗店工作的單親媽媽，以及將其視為第二份工作的女性也日益增加。就實際情況而言，性癖好極為正常的女孩子反而比較多。話雖如此，這會不會變成公事公辦的敷衍玩法，那就另當別論了。正因為對方是普通女性，而且服務認真，才有辦法與客人做愛。之所以這麼說，是因為這些幾乎與一般女性相差不遠的女孩子，就算是這個業界的專家，私生活方面也未必能與公事劃分地一清

二楚。只要與客人合得來，有時應該也會動真情吧。反過來想，在風俗業的時間長也熟悉性服務的女孩子如果夠專業，確實能讓人放心玩樂，想當然也會讓人認為她們有點像是在「工作」。

至於哪一種情況比較好，就看大家怎麼想了，但是絕對不可認定風俗娘＝婊子。

「僅限帥哥」是騙人的！？

並不是只有風俗娘才會覺得受歡迎的男性未必長得帥，人們常常以為風俗娘「應該只喜歡像牛郎那樣的男性吧」，其實在我們訪問過30位風俗娘之後，發現受歡迎的男性與不受歡迎的男性有一個固定趨勢。

＜受歡迎的男性＞	＜不受歡迎的男性＞
・態度從容	・沉默寡言
・懂得慰勞	・粗暴粗魯
・把風俗娘當作女性來對待	・自以為是
・到最後一刻依舊保有紳士風度	・態度消極

只要一看＜受歡迎的男性＞的類型，就會發現大家似乎比較喜歡成熟穩重的男性。至於年輕男性往往讓人覺得愛撒嬌又死纏爛打，所以通常都會敬而遠之。以年齡層來看，對風俗娘而言，30幾歲的男性似乎最受歡迎，這有可能是因為風俗娘提供服務的代價，就是從男性身上尋求「療癒」。

而對長相有意見的人只有1、2個，絕大多數的人都認為，她們並不在意對方長得帥不帥。

風俗娘是用她們身上比較嬌柔的部位在工作，因此富有紳士態度又值得信賴的男性，似乎比較容易得到她們的青睞。

相反地，最令人討厭的，就是強迫女孩子接受粗暴的玩法，動不動就爆粗口的男性，並不是付了錢就可以為所欲為。而且那些女孩子也說，每次都要拒絕客人要求本番其實也是很累的。

而沉默寡言、態度消極的男性被女孩子討厭的理由，是因為這樣會讓風俗娘身心感到疲憊。

illustration by urute

與其把重點放在長不長得帥，不如專注在如何遵守禮儀，以紳士態度來對待對方，這才是受風俗娘喜愛的訣竅。

 ## 成為常客，打好關係

日本的風俗店將經常點檯叫某位小姐的情況稱為「okini」，大家若是因此成為常客的話，就能夠與那位女孩子交換生日禮物。

不管是什麼樣的風俗營業型態，為了發展出這樣的關係，經常點檯叫想要更加親近的小姐，就成了一門關卡。但在這種情況之下，絕對不可以不點檯直接叫那位小姐，因為誰被點檯之類的消息，會事先在女孩子之間流傳來開，因此客人沒有點檯就找那位女孩子的消息是會洩漏的。尤其是在泡泡浴風俗店想要與某一位女孩子更加要好時，千萬不要點其他女孩子的檯。女孩子很會吃醋的，特別是當對方覺得你人不錯的時候醋勁會更重，所以這麼做有時反而會讓對方討厭你。

不同營業型態的風俗店，都會有一些自家規則，就算是「okini」也要入境隨俗，好好留意下列這幾點。

首先是泡泡浴與養生會館這種營業型態的風俗店，是不會拿到印著私人電話的名片，這種情況只會發生在性快感夜總會之類的輕級風俗店。不過最近卻有越來越多的人，利用「LINE」之類的社群網站交換聯絡方式而不是電話號碼，看來智慧型手機說不定已經成為一項不可或缺的聯絡工具了。

偷偷與泡泡浴小姐及養生會館小姐交換聯絡方式，是有跡可循的發展，這麼做其實無妨。但是站在店家的立場來看終歸是禁止事項，所以還是要多加留意。

風俗店女子圖鑑 圖鑑插圖 有一九

各 種 女 孩 類 型 的 風 格 傾 向 與 攻 略 對 策

 了 解 在 風 俗 店 工 作 的 女 孩 類 型

最後要談的是，我們對在風俗店工作的女孩子幾個刻板印象。這裡要介紹的是，本研究會經過長年採訪歸納而出的分類，但在風俗店工作的女孩子，未必剛好符合這些類型就是了。

話雖如此，這一行確實有幾個傾向，而且還會隨著時代變遷而有所改變。例如過去只要一提到泡泡浴小姐，心裡頭就會因為電影等情節影響，而先聯想到「兩人浸泡在泡泡堆裡」之類的骯髒印象，而且這種情況今日依舊不時耳聞。但是近年來我們在採訪的時候，卻發現「不少女孩子會主動應徵這份工作」。如此現象，應該是時下的女孩子，在性這方面態度變得開放，因而對在風俗店工作這件事的排斥感才會越來越淡薄。

女孩子這種觀念的變化，讓在風俗店工作的女孩類型，也變得越來越多樣化，他們不再是「為了賺錢沒有辦法……」這個消極理由，越來越多的女孩子是因為「想要賺個零用錢」，或者是「只要上床就好那多輕鬆」之類的理由而踏入這一行的。

擁有這種想法的女孩子，對於風俗店這種工作往往能夠樂在其中。「既然要工作，何不做得開心一點？」這樣的想法在女孩子之間，可說是已經慢慢流傳開來了。

另外，在人妻與熟女型風俗店上班的小姐當中，也有人是因為「想要做愛」，才想說那就到風俗店上班。這樣的女孩聊天時就算非常文靜，一旦開始玩樂，就會出奇地淫亂放蕩。只要大致掌握女孩子在性這方面的傾向，擬定對策的時候也會比較容易。那麼接下來就讓我們以圖鑑的方式，來為大家介紹其中一部分的女孩類型吧。

純情素人型

還不習慣淋浴，一絲不掛時會非常害羞

頭髮通常是黑色或深褐色

肌膚雪白，身材還好

特別喜歡具有紳士風度、懂得做愛的男性

對自己的性愛技巧沒有自信，會比較希望任人凌辱

玩樂時一旦亢奮，就會摀住嘴巴，忍住不出聲

一旦達到高潮，就會忘記工作這件事，發出嬌喘

辣妹型

頭髮顏色華麗，以金髮居多

基本上說話沒大沒小

只要男性夠嗨，通常不會太在乎對方的長相

對自己的腿莫名地有自信

皮膚黝黑型與皮膚雪白型壁壘分明

基本上以「攻」為主，但是當「受」時反而會非常容易興奮

認為對方要稍微強勢一點才會有男子氣概，所以並不討厭激烈一點的玩法

有苦衷的人妻型

有很高的機率是長髮，喜歡沉穩的色調

上圍稍微豐滿，但不自傲

聊天時感覺有點穩重。一旦進入玩樂，性技會令人驚豔

聊到私人話題時，會突然陷入沉默之中

愛看男人興奮的表情，但對方的反應若是差強人意，情緒就會低落

總之非常敏感，有時陰道反而比陰蒂還要容易達到高潮

專業型

癡女屬性

姿色身材中等，年齡也還好

懂得打開話題，情緒異常亢奮

會一邊口交一邊問「還想要我怎麼做呢？」

在被男性挑逗之前，會先引導對方瞬間射精

不管怎麼攻，小妹妹就是不濕

對於性愛技巧頗有自信，只要時間還沒到，會願意嘗試各種技巧（但是射精次數無法太多）

不管聊什麼，都不願意認真回答

莫名偏愛呆瀏海

內心渴望被人疼愛

意外地喜歡做愛，這樣才能感覺自己還活著

自殘痕跡過於明顯

只要感覺稍被冷漠，情緒就會整個低落

不擅長攻，但是對方若能貼心挑逗的話，反而會立刻達到高潮

容易愛上有包容力的男性，私下也會想要和對方在一起

AV 女優

只出現在高級店裡

遇到粉絲其實沒有那麼開心

對於玩法頗有自信，但性愛技巧其實沒有「專業型」那麼好

不太懂得如何應付想要挖掘AV圈祕密的男性

自尊比其他風俗娘還要高

身材出色，不管是巨乳還是纖細身材，一定會有一個賣點

以裙裝為基本打扮

非常容易興奮，但缺點就是往往被人認為是在演戲

雖然被捧習慣了，但還是希望受人稱讚

淫蕩型

喜歡做愛勝於三餐

長相意外可愛

頗好相處

動不動就伸手
摸小弟弟

接吻的時間特
別長

遇到巨乳型的
機率高，腰圍
有點差強人意

小妹妹異常濕
潤

攻受都喜歡。一直指交的話有時甚至會潮吹。
就算不是玩樂，一旦認真起來，就會主動想要
進入本番。

萬一出現
這樣的地雷女

〈 風俗店的基本知識 〉

不是直接注意就好，而是要告知店家！

　　到此為止，我們介紹了在風俗店工作的女孩魅力，但就現實而言，有的女孩子反而會讓人覺得困擾。這樣的女孩子在業界中稱為「地雷」。聽說有的地方是用「爆彈（炸彈）」這個詞來形容。

　　而「地雷女」是唯一就算向風俗店投訴，也不會讓她們被罵的女孩子。但是口耳相傳可以讓消息整個流傳開來，如此一來極有可能會對店家造成損失。只是當我們在客訴的時候，不要讓憤怒控制情緒，而是要冷靜客觀地描述感想。

　　不過要提醒大家的事，上超低價店卻嫌棄「女孩子長相不及格」的話，那你就弄錯對象了。說得明白一點，這種情況就好比要提供500日圓定食的小吃店，端出三星級餐廳的大餐，這根本就不是客訴的主因。更何況每個人對於長相的要求，在某個程度上通常都和喜好有關，只要女孩子不是長得很抱歉（？），不管你怎麼抱怨，都只是白費工夫而已。

　　那麼究竟是什麼樣的女孩子會被稱作「地雷」呢？就讓我們一邊舉幾個實際範例，一邊解說吧。

●標準鮪魚女

　　各位讀者想必都聽過「鮪魚女」這個詞吧。簡單來講，就是將「在進行性玩樂時沒有任何感受或反應，也不會想要積極扭動身體的女孩子」所呈現的模樣，用在市場裡等待出貨的鮪魚來形容。當然，風俗店的營業型態不同，情況也會有所改變。例如在泡泡浴或養生會館等男女需要輪流扮演攻受角色的風俗店裡，「鮪魚」確實不是一個非常理想的狀態。畢竟這裡是風俗店，就算是演戲也要有所反應，讓這場性愛遊戲氣氛更加熱絡。還不習慣這種工作環境的新人就算了，但如果是專業的風俗娘，提不起幹勁的話那就不值得考慮了。

相反地，如果是在約會交友風俗店遇到鮪魚女的話，那就摸摸鼻子自認倒霉吧。

●拒絕基本玩法

不管是什麼樣的風俗店都會有基本玩法，而且通常都會註明在店裡或官網上。以店家的立場來看，女孩子若是拒絕那就完全出局了。這麼說或許會讓人質疑「真的會有這樣的女孩子嗎？」，實際上在養生會館之類的風俗店，聽說真的有女孩子拒絕基本玩法中的親吻與插入手指，有的甚至連口交也不願意。當然被迫提供不在服務範圍內的玩法時，女孩子當然會拒絕。但是都已經明確列在玩法表中了，店家也不願意看到客人被小姐拒絕。所以這個時候客訴的話，店家通常都會妥善處理，有的甚至會贈送服務券給客人下次使用。

●突然說話沒大沒小

有些女孩子從打招呼的時候就說話沒大沒小，甚至口無遮攔。辣妹等類型的女孩子或許有人會接受，但是說話突然不得體，就算是男性聽了也是會不悅的，而且聽說不少糾紛都是因為措辭不當而引起的。

●在客人面前玩手機

遇到這樣的女孩子，只能算自己倒霉了。明明在說話，但是對方卻敷衍以對，眼睛一直盯著手機看。就算提醒對方要注意，但女孩子並不是故意的，被人這麼一唸有時反而會惱羞成怒，所以就事後再跟店裡的人提一下吧！

致閱讀本書的各位
這是一本能讓大家更加了解
風俗店的尋歡資訊好書

　　謝謝大家把《日本風俗店極樂巡禮手冊：正港男子漢專用，根治男人渾身的癢》看完。

　　本研究會花了將近5年的時間，製作了風俗系列叢書，這段期間我們經常以調查為由上風俗店（當然是自費），只要有新的營業型態出現，就一定會不斷地去體驗、採訪。甚至有的研究會員幾乎每年都會以100萬日圓為單位在風俗店裡砸錢。如此勤奮、從未懈怠的努力（？），讓我們在誠摯與風俗業打交道這方面充滿了自信。

　　而實際調查結束之後，我們也不時地在想「風俗店為何會讓人如此流連忘返呢？」。在此，本研究會不得不向讓我們切實感受到日本女孩對性有多開放、日日給予我們驚喜與快感的那些女孩子表達感激之情。

　　然而現實生活中的日本社會對於這種風俗店的偏見依舊是有增無減，這想必是大家對風俗業的無知所造成的。在此我們希望藉由本書，多少減輕大家因為這種無知而產生的偏見。

正港男子漢專用，根治男人渾身的癢
日本風俗店極樂巡禮手冊

2021年5月1日初版第一刷發行
2024年4月1日初版第二刷發行

編　　著　MANIAC LOVE研究會
封面插畫　聖☆司
內頁插畫　有一九／urute／蒼井遊美／ねぎねぎ納豆
Q版插畫　有一九
譯　　者　何姵儀
主　　編　陳其衍
發 行 人　若森稔雄
發 行 所　台灣東販股份有限公司
　　　　　＜地址＞台北市南京東路4段130號2F-1
　　　　　＜電話＞(02)2577-8878
　　　　　＜傳真＞(02)2577-8896
　　　　　＜網址＞http://www.tohan.com.tw
郵撥帳號　1405049-4
法律顧問　蕭雄淋律師
總 經 銷　聯合發行股份有限公司
　　　　　＜電話＞(02)2917-8022

IKANAKUTEMO WAKARU ZUSETSU
FUUZOKU MANUAL NEXT
© MANIAC LOVE KENKYUUKAI 2018
Originally published in Japan in 2018
by SANWA PUBLISHING CO.,LTD.,TOKYO.
Traditional Chinese translation rights arranged
with SANWA PUBLISHING CO.,LTD.,TOKYO,
through TOHAN CORPORATION, TOKYO.

國家圖書館出版品預行編目資料

日本風俗店極樂巡禮手冊：正港男子漢
　專用，根治男人渾身的癢／MANIAC
　LOVE研究會編著；何姵儀譯. -- 初版.
　-- 臺北市：臺灣東販, 2021.05
　128面；14.8×21公分
　ISBN 978-986-511-768-9 (平裝)

1.特種營業 2.日本

544.767　　　　　　　　　　110004978